Jean Nadeau

J'ai pas de temps à perdre
... et vous ?

Le Dauphin Blanc

Je dédie ce livre à ma famille et à mes enfants,
Véronique et Noah, avec qui je veux gagner du temps.

Table des matières

◆◆◆

TÉMOIGNAGES....................9

REMERCIEMENTS....................13

AVERTISSEMENT....................15

MA PROMESSE....................25

LECTURE ACTIVE : MODE D'EMPLOI....................27

MA TANTE ROSE....................33

LES BONBONS DE GRAND-MAMAN....................41

PENSEZ À L'ACTION....................57

LES ZONES DE VICTOR....................63

VOUS VOULEZ CHANGER? CHANGEZ!....................75

POURQUOI LE POURQUOI?....................83

SOYEZ L'ARCHITECTE ET LE BÂTISSEUR DE VOTRE VIE....................93

PORTEZ VOS CULOTTES....................123

BANDE DE VOYEURS!....................133

JOUISSEZ-VOUS? (version courte)....................137

JOUISSEZ-VOUS? (version longue)....................139

PAS DE TEMPS À PERDRE 153
UN DERNIER MOT 157
À PROPOS DE L'AUTEUR 159

TÉMOIGNAGES

« La bonne nouvelle de ton approche, Jean, c'est que je n'ai jamais vu personne reculer en se faisant donner un coup de pied au derrière! »

– Jean-Marc Chaput, conférencier, auteur

« Je suis aussi d'avis que, de temps en temps, se faire brasser un peu, se faire botter le derrière, peut aider les gens, pourvu que ce soit fait comme tu le fais, Jean, avec le cœur! »

– Martin Latulippe, *CSP*, conférencier, *coach*, auteur

« Les coups de pied au derrière de Jean vous rendront *inconfortable* – peut-être même qu'ils vous choqueront. Chose certaine, ils vous feront voir la réalité en pleine face avec l'objectif de vous rappeler ce que ça prend pour accéder enfin à votre vie de rêve! »

– Joe Calloway, conférencier international en performance

« Comment un coup de pied au derrière peut-il se transformer en effet "wow!"? Passez cinq minutes avec Jean Nadeau, vous comprendrez. Imaginez une heure! »

– Jasmin Bergeron, conférencier, auteur

« Jean n'est pas un motivateur. Il ne porte pas de lunettes roses ni de gants blancs. Si vous voulez passer à l'action, vous **devez** lire ce livre. Si vous hésitez, mettez-le de côté et revenez lorsque vous serez prêt à vous faire dire la vérité. Ce livre est un bon coup de pied au derrière pour celui qui est prêt à le recevoir. »

– Guy Cabana, conférencier international, auteur

« Les possibilités de croissance, tant personnelle que professionnelle, surviennent souvent quand nous sommes propulsés en dehors de notre zone de confort. Si, comme moi, vous croyez cela, ce livre est pour vous. Le style "non politiquement correct" de Jean vous mettra au défi, vous choquera peut-être, mais vous fera réfléchir. Il vous aidera à progresser si vous acceptez le risque de devenir mal à l'aise. »

– Randy Pennington, conférencier international
en performance et auteur de *Make Change Work*

« J'aime ton discours, Jean. Il est percutant et teinté d'un humour qui ne passe pas inaperçu. Tu es doté d'une belle intelligence émotionnelle et ton approche est claire, précise et articulée. »

– Marc Gervais, conférencier, auteur

« Ton message, Jean, vise droit dans le mille. Sans action, les rêves demeurent des rêves et les projets restent des projets. C'est seulement quand on met en œuvre son idée qu'elle prend toute sa valeur. »

– Patrick Leroux, *CSP*, conférencier, auteur

« Un coup de pied au derrière bien placé, parfois, ça fait mal, mais ça permet bien souvent d'*évoluer!* Par ses actions, dans le concret, Jean est congruent à son message, qu'il livre avec éloquence. Pour que *ça* change, il faut d'abord agir! »

– David Bernard, conférencier, *coach*, auteur

« Jean incite à beaucoup plus que la simple réflexion, il pousse à l'action. Pour effectuer une sortie de zone, réfléchir, c'est bien, mais agir, c'est indispensable! »

– Daniel Blouin, auteur de *Sorties de zone*

« Jean a compris que nous avons tous besoin de plus : plus de vrai, plus de direct, plus de solutions lucides. Voici la preuve concrète qu'une telle approche ne manque pas d'intégrité, d'humanité et de profondeur. Le risque encouru : se réveiller et ne plus jamais vouloir, ni pouvoir, se rendormir. Toutes perceptions confondues, ce livre offre une dose de réalisme qui fait du bien! »

– Brigitte Guibord, intervenante en relation d'aide,
consultante et formatrice en santé émotionnelle

« Droit au but, Jean Nadeau vous livre sa vérité afin que vous trouviez la vôtre et passiez à l'action tout de suite, aujourd'hui. Pas une seconde à perdre. Pour Jean, les intentions ne sont que du vent, la motivation est une illusion. Se faire parler dans la face est rafraîchissant. Les vrais et seuls changements se réalisent dans l'action. »

– Marc Bureau, conseiller et *coach* en entreprise

REMERCIEMENTS

◆◆◆

Mes premiers remerciements vont à toutes les stupidités que j'ai commises dans ma vie. Sans elles, je n'aurais pu découvrir l'importance du sens des responsabilités et la force de l'acception de celui-ci sur mon épanouissement personnel et professionnel.

Écrire ce livre m'a pris beaucoup plus de temps que je ne le pensais. Plusieurs personnes m'ont suivi, encouragé et inspiré tout au long de ce grand parcours. Je tiens ici à les remercier.

Merci à Alain Williamson et à toute son équipe pour leur confiance.

Merci à mes plus importants mentors. J'ai lu la grande majorité de leurs livres, j'ai visionné leurs conférences sur vidéo des centaines de fois et j'ai assisté à quelques-unes de celles-ci en personne et j'ai enfin eu la chance de discuter avec chacun d'eux, sur place ou par vidéo-conférence, au moment où j'écrivais ces lignes. Ils sont Joe Calloway, Randy Pennington, Larry Winget, Mark Sanborn et Rowdy McLean. Leurs opinions et leurs conseils ont fortement inspiré ce livre.

Merci pour l'influence qu'ont eue et qu'ont toujours sur moi mes amis Jean-Marc Chaput, Martin Latulippe, Guy Cabana et Yves Groleau. Merci à tous pour leur amitié, leur inspiration, leur générosité et leur disponibilité. Merci aussi à Jasmin Bergeron, à Patrick Leroux, à David Bernard, à Marc Gervais et à Daniel Blouin pour leurs chaleureux témoignages présentés au début de ce livre.

Merci à Brigitte Guibord, à Manon Colette et à Jean David pour la première lecture et pour leurs commentaires constructifs. Un merci particulier à Brigitte qui m'a aussi accompagné jusqu'aux dernières minutes avant le dépôt final du manuscrit. Nos discussions m'ont souvent permis de préciser mon propos.

Quelques ajouts à cette liste de remerciements :

Merci à Chrystina Mérette, photographe professionnelle, pour son œil magique qui a su donner le ton du livre dans mon regard.

Merci à ma belle-sœur, Jeanne-Mance, qui, par un beau soir d'été bien arrosé, a mis ses culottes et m'a lancé un défi au sujet du titre original que j'avais prévu pour ce livre. Résultat : le titre actuel!

Merci à François Lavoie pour le temps qu'il a consacré avec grand talent aux illustrations de ce livre.

Merci à mon grand ami, Marc Bureau. Il a su, aux bons moments, m'encourager et, aux moins bons moments, me servir ma propre médecine de coups de pied au derrière.

Merci à tous les employés du Second Cup de Cap-Rouge de m'avoir enduré pendant de longues heures, assis dans mon coin, à écrire ces lignes : Guy, Caroline, Chantale, Annabelle, Mélissa, Marie-Lee, Chantal, Jeremy, Frédérique, Olivier, Rachel, Clémence, Anthony et Julie.

Merci enfin à mes parents et amis pour leur soutien, même s'ils n'ont pas toujours été à l'aise avec ma gentille distribution de coups de pied au derrière.

AVERTISSEMENT

« La vérité vous libérera, mais avant tout elle vous fera "chier". »

- Werner Erhard

Environ 67 % des lecteurs de ce livre ne le liront pas au complet. Si vous faites partie du tiers restant, n'allez pas croire que vous êtes exceptionnel. Près de 99 % de ceux qui font partie de ce dernier tiers n'en feront absolument rien! Mais, que vous soyez du premier ou du second groupe, vous êtes normal : vous **voulez** plus, vous **pouvez** plus. Par contre, très peu des lecteurs qui liront ce livre en totalité seront **prêts à tout faire** pour réaliser plus, faire plus, avoir plus et être plus. (Je vous invite à relire la citation de Werner Erhard.)

Vous êtes tous 100% à l'aise avec la vie que vous avez!

« Ben voyons, Jean, tu ne me connais même pas! Comment peux-tu affirmer cela? » me direz-vous. En effet, je ne vous connais pas. Et je me fous de ne pas vous connaître. Ne « m'obstinez » pas, je sais que j'ai raison et que vous êtes sur le point de l'admettre! Voilà pourquoi : si vous n'étiez pas à l'aise avec la vie que vous avez actuellement, elle serait autrement, non?

Vous êtes à l'aise avec votre travail, sinon vous travailleriez ailleurs ou vous auriez votre propre entreprise.

Vous êtes à l'aise avec votre vie de couple, sinon vous mettriez fin à cette relation (un bon divorce est mieux qu'une mauvaise relation).

Vous êtes à l'aise avec votre santé, sinon vous mangeriez mieux et feriez plus d'exercice.

Vous êtes à l'aise avec votre relation avec vos enfants, sinon vous passeriez plus que les 3,5 minutes de temps de qualité que les parents nord-américains, en moyenne, y consacrent chaque semaine !

Vous êtes à l'aise avec votre vie sociale (si existante), sinon vous vous feriez de nouveaux amis.

Vous êtes à l'aise avec votre situation financière, sinon vous dépenseriez moins d'argent que vous en gagnez.

Vous êtes à l'aise avec l'endroit où vous demeurez, la voiture que vous conduisez, les vêtements que vous portez, les vacances que vous prenez, sinon vous travailleriez plus fort et, surtout, mieux, pour vous permettre de changer tout ça.

Je vous avais averti de ne pas m'obstiner. Admettez que j'ai raison. **Vous êtes 100 % à l'aise avec la vie que vous avez, sinon elle serait autrement.** (Prenez une petite minute de réflexion là-dessus!)

Vous constatez peut-être déjà (je l'espère!) que je ne suis pas du type motivateur qui vous fera vous prendre les uns les autres par la main dans une salle, illuminée de chandelles, où brûle de l'encens en chantant *Hakuna Matata*. De fait, si, de quelque manière que ce soit, mes propos ne font que vous motiver, ne parlez de moi à personne! Vous allez détruire ma carrière.

« Il est préférable d'être un lion pour une journée qu'un mouton pour la vie. »

- Elizabeth Kenny

J'ai pas de temps à perdre et je hais les mauvaises surprises. Présumant qu'il en est de même pour vous, petit mouton docile, j'ai cru pertinent de me faire lion, de rugir et de vous donner l'heure juste dès les premières lignes de ce livre.

Ceux qui me connaissent et me suivent savent que j'utilise régulièrement l'analogie de l'Incroyable Hulk dans mon approche, mon style et mon message. Disons qu'à mes débuts, j'étais tout aussi vert, mais plus du style « Yoda » : doux, sage, politiquement correct.

L'industrie du développement personnel déborde de Yoda qui pensent (presque tous) pareil et dont l'objectif tend à vous faire vous sentir bien avec la vie que vous avez. J'en connais plusieurs. Certains sont des amis. Ils ont mon plus grand respect. À preuve, plusieurs d'entre eux, par amitié commune, ont publié un témoignage au début de ce livre. La plupart, comme moi, font ce métier pour les bonnes raisons. Nous le faisons juste de façons différentes. Mes lectures des dernières années et les conférences auxquelles j'ai assisté m'ont fait passer du style et du message Yoda à celui de Hulk, plus mordant, plus lucide.

Mon approche n'a donc pas pour objectif de vous faire vous sentir bien avec la vie que vous avez, pas celle que vous avez actuellement, en tout cas.

« Vous passez trop de temps à vous aimer comme vous êtes. Vous n'êtes pas aussi "aimable" que vous le croyez! »

- Larry Winget

Soyez honnête avec vous-même. Vous pouvez faire ça, non? Vous vous complaisez dans votre statu quo, mais admettez que vous n'êtes pas où vous voudriez être dans votre vie. Indice? Vous avez acheté ce livre! Cessez donc de vous croire et de vous asseoir sur le « bien-être complaisant » de celle-ci. Vous pouvez très certainement réaliser plus, faire plus, avoir plus et être plus, non?

Allez, répondez aux questions suivantes :

Vous pouvez accomplir plus. Oui ou non?

Vous pouvez faire plus. Oui ou non?

Vous pouvez avoir plus. Oui ou non?

Vous pouvez être plus. Oui ou non?

Signature : ______________________ **Date** : ______________

Prenez une photo de cette page et traînez-la dans votre téléphone intelligent. Elle servira à vous rappeler que vous voulez, que vous pouvez, et elle vous permettra de vous demander si vous êtes en train de tout faire pour que ça arrive.

« Ne croyez rien, peu importe où vous l'avez lu ou qui l'a dit, même si c'est moi, à moins que cela ne s'accorde avec votre raison. »

- Bouddha

Ne croyez aucun (aucun!) Yoda vous promettant de pouvoir changer votre vie. Ni aucun Hulk!

Tout ce que je peux faire, pour ma part, c'est vous proposer des outils qui ont fonctionné pour moi, mais VOUS NE CHANGEREZ QUE SI VOUS DÉCIDEZ DE CHANGER!

Voici mon meilleur outil : enlevez ces foutues lunettes roses qui vous ont été remises par les Yoda et au travers desquelles vous regardez *confortablement* votre vie depuis des années. Je sais, c'est très risqué et cela vous fait peur. La majorité d'entre vous se sentent bien avec celles-ci. C'est tellement plus facile de surfer sur la vague du statu quo que de plonger dans celle du changement. Mais, revenez à la réalité le temps de lire ce livre et sachez que vous n'y trouverez pas toujours ce que vous aimeriez. J'en ai assez de ces belles phrases et de ces jolis concepts qui n'ont d'autres effets que de vous préparer à mieux absorber les chocs de la vie sans rien y changer. On s'en fiche royalement de voir le verre d'eau à moitié plein plutôt qu'à moitié vide! C'est ce que vous ferez avec le verre d'eau qui compte. Pendant que les optimistes et les pessimistes perdent leur temps à s'obstiner, ne perdez pas le vôtre, soyez intelligent et opportuniste : BUVEZ-LE! Il est tout aussi absurde de dire : « Quand l'attitude va, tout va! » Je pense avoir une belle et bonne attitude, la très grande majorité du temps. Pourtant, je pourrais vous écrire un chapitre complet sur l'attitude de « merde » que j'ai eue dans certaines circonstances et où j'ai réagi négativement.

Je vous dirai les choses autrement. Comme je les vois. Je veux vous ramener sur le bord de votre chaise plutôt que de vous laisser *confortablement* vous complaire au fond de celle-ci. Je veux vous ouvrir les yeux. Vous réveiller. Vous « brasser ». Voire, vous choquer. Et si je vous choque et que telle n'était pas mon intention, je m'excuserai. Sinon, je vivrai avec les conséquences. Et c'est au moment où vous serez le plus déstabilisé que je vous proposerai de nouvelles réflexions qui pourraient, une fois pour toutes, vous (je m'adresse ici aux 33 % qui termineront ce livre et au 1 % de ceux-ci qui en fera quelque chose) faire passer du *vouloir* et du *pouvoir* au *faire*, le faire qui vous donnera des **résultats** pour enfin passer d'où vous êtes dans votre vie à où vous rêvez d'être.

Si vous n'aimez déjà pas ces quelques premières lignes, sachez que je n'ai aucunement l'intention de soigner votre petit cœur tendre en vous remboursant. Passez le livre à quelqu'un dont l'ouverture d'esprit n'est pas une fracture du crâne. Je poursuis!

« Il n'y a pas d'exception à la règle, sauf celle qui veut que toutes les règles comptent des exceptions. »

- James Thurber

J'ai choisi d'être conférencier et auteur pour partager mes opinions. Je dis souvent que mon message rejoint de près ou de loin 90 % des gens, 90 % du temps, dans 90 % des cas. Un message que je veux donc pour tous sachant qu'il y aura toujours des exceptions, parfois même des cas extrêmes.

Bien évidemment, il y a des gens qui ont des « spécificités » mentales ou physiques les limitant dans leurs intentions et leurs actions. Je comprends ça. Vous comprenez ça. Nous comprenons tous ça. Mais dois-je en faire mention chaque fois que je partage une opinion? Pouvons-nous tous convenir et établir que mes propos s'adressent à la masse ? Si tel n'était pas le cas j'aurais dû titrer ce livre *J'ai pas de temps à perdre, mais je vais quand même en prendre beaucoup afin de tenir compte de toutes les exceptions du monde.*

« Oui mais, Jean, tu ne comprends pas, moi, c'est spécial parce que... » **Fermez-la!** Du moins pour les quelques heures que vous prendrez à lire ce livre. Je vous garantis que si vous êtes honnête avec vous-même, si vous ne laissez pas, encore une fois, votre ego l'emporter sur vous-même, vous en arriverez à admettre que vous ne faites peut-être pas autant partie de l'exception que vous le croyiez.

« Si vous dites la vérité, vous n'avez à vous souvenir de rien. »

- Mark Twain

Je veux partager ma vérité avec vous, mais je ne prétends aucunement avoir LA vérité absolue. Je l'avoue ouvertement, et encore une fois sans détour, je n'ai ni maîtrise ni doctorat en lien avec tous les aspects dont je traite dans ce livre ou dans mes conférences. Je ne suis pas un expert en psychologie, ni en relations humaines, ni en relations de couple, ni en parentalité, ni en *leadership*, ni en service à la clientèle.

Mon champ d'expertise est la stupidité, le sens des responsabilités et l'action inspirée.

Et si cela peut vous faire du bien de le savoir, j'ai eu, j'ai encore et j'aurai encore, comme vous, des moments difficiles et tout « croches » dans ma vie. Mais, au lieu de me plaindre et de m'acharner sur ceux-ci, j'ai décidé de reconnaître et d'accepter la responsabilité des actes stupides qui en sont la source et d'apprendre de chacune de ces situations.

Le rôle que je me suis donné comme conférencier et auteur est de partager avec vous, de la façon qui fonctionne pour moi, le résultat de ces apprentissages. Au fait, c'est ce que je crois que vous devriez avoir comme objectif d'épanouissement personnel : **apprendre** et **mettre l'apprentissage en pratique**. Si ça fonctionne, si ça vous donne des **résultats**, si ça vous rapproche de votre vie de rêve, que ça vienne d'un Yoda ou d'un Hulk, tant mieux pour vous et continuez. Cependant, si ça ne fonctionne pas, si vous avez l'impression de tourner en rond, si vous assistez à des dizaines de conférences identiques en développement personnel et si vous lisez tout autant de livres du même type dans une même année, **réveillez-vous**, **apprenez autre chose** et, surtout, **faites autre chose**!

Je peux faire preuve d'empathie, mais j'exerce une sympathie sélective. Je ne suis pas le gros-toutou-qui-vous-prendra-a-priori-dans-ses-bras parce que ses propos vous ont brassé ou peut-être même choqué. Vous êtes entouré de ces gens qui vous nourriront à la petite cuillère en vous disant que tout est et sera OK.

Par contre, une fois que le Band-Aid de la bonne attitude, du positivisme et des vertus miraculeuses de l'Univers posé par Yoda sur votre plaie tombera, quand tout ce que vous aurez *essayé* (je hais ce mot!) n'aura pas fonctionné et ne vous aura pas déraciné du statu quo de cette vie qui ne représente en rien votre vie de rêve, là, je serai, peut-être, votre homme.

Quand vous serez le dos au mur, vous m'y trouverez.

Je connais le *feeling* d'être à cet endroit et d'être désespéré. Je m'y suis retrouvé à de multiples occasions dans le passé et je m'y retrouve encore parfois. Mais, ne vous attendez pas à y entendre le même discours à lunettes roses qui n'aura encore une fois d'autre effet que de vous faire vous sentir bien, temporairement, dans votre état pitoyable.

Au pied du mur, la dernière chose que vous avez besoin de recevoir est un câlin. Et vous n'avez surtout pas besoin de vous faire dire que tout ira bien et qu'en ayant une attitude positive, tout se replacera. Non! Vous avez pas de temps à perdre avec ces belles attentions ouatées. C'est probablement parce que vos problèmes ont justement toujours été traités avec ce genre de belles attentions que vous vous êtes ramassé là. Je crois que, rendu là, vous êtes prêt à tout pour vous décoller du mur. Vous êtes prêt à entendre la vérité, même si elle vous fait « chier ».

Si vous lisez ce livre, c'est que vous voulez changer une chose, des choses dans votre vie. Si j'ai écrit ce livre, c'est que je crois sincèrement qu'il contient quelques-unes des réponses à vos questions, quelques idées (simples!) et des exercices qui pourraient vous être utiles. Si ces idées ont du sens pour vous (après vous être déchoqué!), mettez-les en application. Si vous obtenez des résultats qui vous rapprochent de votre vie de rêve, débouchez un bon rouge et célébrez! Vous êtes sur la bonne voie. Si mes idées n'ont pas de sens pour vous, qu'avez-vous à perdre à leur donner une chance? Que rien ne change et que vous vous retrouviez encore quelques semaines plus tard à vivre le même statu quo dans votre vie?

Alors voilà, vous êtes averti. Mon impitoyable pragmatisme n'a d'égal que le désir de vous aider.

Maintenant, comme j'ai pas de temps à perdre, et vous non plus, tournez la page et cessez dès aujourd'hui de vous contenter de moins que ce que la vie a de meilleur à vous offrir.

MA PROMESSE

◆◆◆

Je ne peux vous changer. Pas plus que vous motiver ou vous rendre heureux.

Rien de cela ne peut arriver si vous ne le voulez pas. Ça part de vous.

Par contre, ce que je peux vous promettre, c'est de vous irriter, de vous exaspérer et, j'espère même, de vous choquer.

Je vous promets donc de vous rendre *inconfortable* par rapport à où vous êtes dans votre vie, peut-être pas de façon globale, mais sûrement quant à certains aspects de celle-ci, et ce, à un point tel que vous ferez tout pour vous retrouver à un meilleur endroit et ainsi vous rapprocher de votre vie de rêve.

Et vous, quelle est votre promesse en lisant ce livre? Inscrivez-la ci-dessous.

____

____

____

____

Signature : ____________________ **Date** : ____________

LECTURE ACTIVE : MODE D'EMPLOI

◆◆◆

Préparez-vous une bonne tisane chaude à la camomille, faites brûler votre encens préféré, syntonisez votre chaîne de musique zen préférée, faites-vous un beau feu de foyer, installez-vous *confortablement* dans votre divan préféré vêtu de votre linge mou favori, prenez cinq profondes respirations et lancez-vous dans la lecture douce et soyeuse de ce merveilleux livre de développement personnel.

Soyez honnête! Cela ressemble grandement à votre *set-up* habituel de lecture, non? Eh bien, pas cette fois! Ne lisez pas ce livre comme ces autres livres en développement personnel que vous n'avez, dans 67 % des cas, pas terminés!

Bon, d'accord, vous pouvez garder votre linge mou et vous installer dans votre divan préféré, mais assurez-vous d'avoir à *travailler* un peu, stylo et marqueur en main. *Travailler*! Oui, je sais, j'utilise ici un mot presque blasphématoire pour certains. Je vous avais averti, non?

Vous avez délibérément acheté ce livre pour vous faire botter le derrière, non? N'allez donc pas penser que vous vous en débarrasserez facilement en le lisant d'un seul trait, si vous faites partie des 33 % qui le liront jusqu'à la fin!

Faites de la lecture de ce livre une mission et non un loisir. On parle ici de changer (si VOUS le voulez!) votre vie et non pas de faire une balade sur la plage.

Préparez-vous à saisir la chance de mettre au défi le statu quo de votre vie, à réaliser plus, à faire plus, à avoir plus et à être plus.

J'ai pas de temps à perdre, c'est pourquoi ce livre est court, va droit au but et ne vous présente que quelques-unes des idées (simples!) que je crois pertinentes et percutantes.

Prenez des notes. Marquez les passages qui vous parlent le plus. Pliez des pages pour les retrouver facilement. Utilisez des signets avec des notes. Prenez des photos des pages les plus significatives pour les traîner avec vous sur votre portable.

Ce livre est le vôtre. Vous l'aimez? Conservez-le précieusement et ne le prêtez à personne. Si vous y faites bien votre travail, il contiendra une foule d'informations et d'annotations personnelles. Si vous pensez qu'un ami pourrait aussi en tirer profit, achetez-lui-en un au lieu de lui prêter le vôtre.

« Vous ne pouvez changer, grandir, vous épanouir passivement. »

- Joe Calloway

Votre travail commence maintenant

Ce livre contient une foule d'informations, de nouvelles visions et façons de penser qui pourraient vous être grandement utiles si vous faites partie du 1 % qui sera prêt à **tout faire** pour les mettre en application.

Mais vous pouvez quintupler l'impact qu'aura cet ouvrage sur votre vie, et ce, dès maintenant. Une des principales raisons pour lesquelles les gens ne créent pas et ne maintiennent pas le *momentum* de leur développement et de leur épanouissement est qu'ils ne s'y préparent pas. Ils n'établissent pas de fondations à leur plan d'action.

Quelques minutes de « coulage de fondations » sauront, j'en suis convaincu, faire toute la différence sur vos résultats, **car ce sont les résultats qui comptent, pas les intentions**.

Une intention sans actions qui engendrent des résultats n'est qu'un mirage.

Je vous invite à définir votre vision, dès maintenant, de ce que signifient les fondations suivantes pour vous :

Accomplir

Accomplir est une des principales fondations du *succès*, dans tous les sens du mot, tant sur le plan personnel que professionnel. En quoi êtes-vous un « gagnant », de quelle façon l'êtes-vous et comment voudriez-vous l'être davantage?

____

____

____

____

Être

Être constitue la fondation du rôle que vous jouez dans votre vie. Quel rôle jouez-vous et aimeriez-vous jouer davantage dans votre vie, au boulot, dans votre couple, auprès de vos enfants, de vos amis, dans votre communauté?

____

____

____

____

Faire

Faire est la fondation des expériences. Quelles sont les expériences qui ont marqué votre vie et celles – de nouvelles –, qui, vous le savez, pourraient encore la marquer?

____

____

____

____

Avoir

Avoir est la fondation de la propriété. Que possédez-vous qui mérite votre reconnaissance et qu'aimeriez-vous avoir de plus, quelque chose de significatif pour vous? On pense tout de suite à des choses matérielles, mais il peut aussi s'agir de choses intangibles : avoir de l'amour, le respect des autres, une bonne réputation, etc.

____

____

____

____

Les fleurs

Si vous avez fait cet exercice, bravo! Profitez-en, c'est rare que je donne des tapes dans le dos si rapidement. Mais bon, j'ai commencé ce chapitre en vous disant que vous auriez à travailler un peu et voilà que vous terminez celui-ci en faisant votre premier devoir. C'est ce que j'appelle « s'engager ». Pas de temps à perdre. J'adore!

Le pot

Si vous n'avez pas fait cet exercice et que vous vous êtes dit que vous y reviendriez plus tard, vous ne me donnez d'autre choix que de vous dire que cette décision est stupide! La stupidité, c'est savoir quoi penser, dire et faire, mais ne pas le faire, ou pire, faire le contraire. Vous voulez changer ou pas?

Enlevez-vous les doigts du nez et faites vos devoirs... avant que je vous présente ma tante Rose!

MA TANTE ROSE

◆◆◆

J'ai pas de temps à perdre. Alors, n'ayez crainte, je ne vous ferai pas perdre le vôtre non plus en vous présentant l'ensemble de ma famille dans ce livre.

Mais je ne peux passer à côté de ma tante Rose.

Elle a 68 ans et a donc vécu à l'époque où la religion occupait une grande place, presque imposée, dans la vie des gens. À son grand désarroi, notre société et notre système d'éducation se sont laïcisés, ce qui a laissé un grand vide spirituel pour une partie de ce groupe gigantesque de bébé-boumeurs.

Heureusement, pour plusieurs, dont ma tante Rose, les sermons religieux ont graduellement été remplacés par ceux des centaines de conférenciers inspirateurs et motivateurs.

Ma tante Rose a très certainement la bibliothèque la plus garnie au Québec en livres de développement personnel, de *Comment se faire des amis*, de Dale Carnegie, au plus récent livre de Bill Marchesin, *Comment se sortir de la « marde »* (et moi qui avais l'idée d'un livre intitulé *Comment ne pas se mettre dans la merde*), en passant par la série de *Bouillon de poulet*, de Jack Canfield, sans bien sûr oublier celui qui trône comme sa bible en la matière, au-dessus de son foyer du salon, *Le secret*.

En me rendant sur le site d'Archambault et en inscrivant les mots *motivation, attitude, bonheur, inspiration, succès* et tous ces termes qui caractérisent les titres de livres de développement personnel, j'y ai trouvé plus de trois mille livres en français. (Sur le site d'Amazon, on en trouve plus de 160 000!) Un coup d'œil rapide à la bibliothèque de ma tante Rose et j'ai l'impression qu'il ne lui en manque pas beaucoup... et je n'ai pas accès à sa bibliothèque virtuelle sur son iPad! Ajoutez à cela les cassettes (je ne trahis pas son âge, ici, puisque je l'ai mentionné en début de chapitre) et maintenant les DVD de conférences ou de programmes d'enseignement, de la programmation neurolinguistique à la mode actuelle des *coachs*.

Le secret, de sacré à désacralisé!

Ma tante Rose et moi avons eu une petite période froide dans nos relations. C'était en 2008, deux ans après la sortie du film et du livre *Le secret*.

Voici grosso modo la source de cette tension:

– Jean, à te lire, j'ai des fois l'impression que la loi de l'attraction est de la merde à tes yeux, dit-elle.

– Ma tante, tu ne devrais pas avoir cette impression. Je ne pense pas que la loi de l'attraction telle que présentée dans les livres qui traitent du sujet soit de la merde. J'en suis certain!

Bon, laissez-moi vous placer dans le contexte de cette discussion. Elle se déroulait le 24 décembre 2008, vers 22 heures. Nous étions chez ma tante qui, depuis des années, reçoit la famille chez elle pour le réveillon de Noël. La boisson n'avait pas encore fait son œuvre ni sur ma tante ni sur moi (je bois très peu). Nous étions au salon, elle et moi, dans un coin un peu retiré, tout près de son magnifique arbre de Noël et du feu qui crépitait. Bien positionnés sur la tablette du foyer, bien évidemment, trônaient son livre et son DVD du *Secret*.

Mon dernier repas remontait à midi, ce jour-là, et, par politesse, je tentais tant bien que mal de ne pas engloutir tous les biscuits Ritz ornés d'un peu de Cheese Whiz et d'une belle petite crevette de Matane. J'avais donc terriblement faim et je réalisai soudainement dans le regard de ma tante que ce que je venais de dire me ferait probablement manquer sa délicieuse et traditionnelle dinde de Noël. Mon ventre m'incita donc fortement à reformuler mon opinion.

– Bon, OK, laisse-moi me reprendre. Je retire mes mots et t'explique mon point autrement, dis-je.

Elle ne dit pas un mot. Son regard demeura vitreux. Je repris.

– À mes yeux, la loi de l'attraction, telle que présentée dans ces ouvrages, est à moitié vraie et à moitié fausse. Et pour moi, si c'est à moitié faux, c'est faux! On y dit que ce à quoi vous pensez, croyez et, surtout, accordez une émotion génèrent des vibrations, ce qui serait en somme le principe de base de la physique quantique. Une fois que ces vibrations sont envoyées dans l'Univers, elles nous reviendraient concrètement par la réalisation de nos vœux. Non, ma tante! Je n'y crois pas. Si une telle formule s'était avérée efficace, je serais devenu, comme tous les hommes, une fille, à quinze ans! Ce que je dis, moi, ma tante, c'est ce à quoi on pense, ce qu'on dit ou SURTOUT ce pour quoi on se lève le derrière de sa chaise en s'époussetant le fond de culotte et pour lequel on fait des gestes inspirés peut arriver, et, encore là, ce n'est même pas certain!

J'étais « pompé », alors j'ai poursuivi en me disant qu'au pire, j'avais de la pizza congelée à la maison!

– Ma tante, dis-moi, avec tous ces livres qui remplissent ta bibliothèque et que tu n'as probablement même pas lus jusqu'à la fin, avec toutes ces vidéos, et après avoir assisté à des dizaines et des dizaines de conférences de motivation et d'inspiration, après avoir entendu pendant des années les mêmes phrases remâchées différemment sur l'importance de voir le verre d'eau à moitié plein au lieu d'à moitié vide, sur cette croyance qu'en ayant une bonne attitude, tout ira bien dans ta vie, ou encore celle qui nous dit que rien n'est impossible; avec tout ce bagage, toute cette information, toutes ces belles phrases et ces beaux concepts présentés au travers de lunettes roses, est-ce que ça a fonctionné pour toi? As-tu eu des résultats? Es-tu passée d'où tu étais il y a dix ans à où tu rêvais d'être aujourd'hui?

Les secondes qui suivirent ne furent pas les plus joyeuses ni pour elle ni pour moi. Mais je ne faisais pas cela pour moi.

Je savais que le sujet était très délicat. Elle savait que je le savais. Contrairement à la très grande majorité des gens que je rencontre lors de mes conférences ou en consultations privées, gens auxquels je n'ai aucune attache sentimentale, il en est autrement avec ma tante Rose. Je la connais depuis toujours et je la sais depuis tout ce temps en quête d'une vie plus heureuse, plus rangée et plus paisible. Ses relations amoureuses ont toujours été tumultueuses, sa fille et son garçon ne se parlent plus depuis des années et elle a toujours vagabondé d'un travail à un autre sans jamais s'y épanouir. Elle fume, elle est obèse et elle couve toujours une maladie ou une autre. Elle a très peu d'amis et ses principaux sujets de conversation sont la température et la vie des artistes racontée dans les magazines à potins.

Elle me regardait toujours avec ses yeux perçants, mais ceux-ci étaient passés de vitreux à… noyés. Noyés de peine ou de colère? Je n'aurais pu le dire. Probablement les deux. Chose certaine, je compris alors que je venais de donner mon plus gros coup de pied au derrière… à une personne que j'aime.

Ce soir-là, je n'ai pas eu l'impression d'avoir accru l'amour que ma tante Rose avait pour moi. J'avais par contre l'impression, malgré le choc, d'avoir acquis son respect par rapport à mon style et à mon message. Et j'ai mangé de la dinde!

Cinq mois plus tard, en mai 2009, ma tante Rose m'invita à souper chez elle. Je croyais que nous allions y être juste tous les deux pour « régler nos comptes ». Nous ne nous étions pas parlé depuis Noël. À ma grande surprise, nous étions quatre : ma tante Rose, sa fille, son fils et moi. Rose était tout aussi corpulente, mais elle avait cessé de fumer. Elle m'annonça qu'elle fréquentait depuis quelques semaines un homme, mais qu'il était peut-être trop tôt pour nous le présenter. Ma perception d'avoir gagné son respect au dernier réveillon, sans espérer qu'elle soit maintenant d'accord avec tout ce que j'avais dit, s'est concrétisée ce soir-là. Et comme si ce n'était pas assez, un beau « je t'aime, mon grand baveux » m'attendait dans le cadre de porte avant de partir.

Au-delà de ma tante Rose, on me demande souvent si j'ai un problème avec les conférenciers motivateurs-inspirateurs, les Yoda de notre industrie.

J'ai pas de temps à perdre, j'ai déjà exprimé mon opinion à ce sujet plus tôt dans ce livre.

Mon problème se situe davantage par rapport à ce qu'est devenu le mouvement du développement personnel, ce que les Anglais appellent le *self-help*. L'industrie actuelle s'est à mes yeux éloignée de l'intention initiale du mouvement.

Je crois qu'avec les années, l'intention première de pionniers, tels Marden et Smiles (ère de la pensée progressiste); Hill, Stone et Carnegie (ère de la pensée du succès); Peale et Nightingale (ère de la pensée positive); Waitley, Ziglar et Rohn (ère de la motivation), s'est altérée.

L'objectif initial du mouvement était de **donner aux gens le pouvoir et la responsabilité** de leur propre épanouissement, un épanouissement qui passait d'abord et avant tout par le *self*, soit l'« aide-toi toi-même! ».

Ce que je comprends et accepte du fondement primaire du développement personnel est qu'il repose sur ce **pouvoir**, sur cette **responsabilité** que **nous** avons d'investir les efforts, le temps et l'énergie à développer **notre** plein potentiel, à **nous** accomplir, à **nous** épanouir à travers **nos** rêves.

Zig Ziglar disait : « Vous pouvez être ce que vous voulez être, faire ce que vous voulez faire et avoir tout ce que vous voulez avoir, pourvu que vous croyiez en vous. » Même si je ne suis pas 100 % d'accord avec monsieur Ziglar, ce message, dans son intention première, avait le mérite de **remettre clairement entre les mains des gens le pouvoir et la responsabilité de faire valoir ce pouvoir.**

Le mouvement actuel du développement personnel auquel semblent adhérer tant de Yoda a, à mes yeux, cette fâcheuse tendance à retirer des mains des gens ce pouvoir et cette responsabilité en les remplaçant par cette foutue pensée magique qui s'ajoute à la tendance actuelle du « tout m'est dû ».

On est passé de « J'ai le pouvoir de prendre ma vie et ma destinée en main, je crois en moi, en mes capacités, en mon potentiel, j'ai juste à me lever le derrière et à passer à l'action, à faire les gestes qui me permettront de vivre mes rêves, même les plus fous, et à ainsi bâtir ma confiance en moi » à « Je suis positif, je vois le verre d'eau à moitié plein, mon attitude est exemplaire, j'exprime avec ardeur mes pensées journalières, je maîtrise mes pensées afin de diffuser de bonnes vibrations dans l'Univers et je suis en droit d'avoir la vie de rêve que je mérite », qui sous-entend « en restant bien assis sur mon derrière à attendre que ça m'arrive par miracle ».

C'est sur cette nouvelle vague de pensée que j'ai voulu *challenger* ma tante Rose... et que je veux le faire avec vous aussi à la lecture de ce livre et lors de mes conférences.

C'est ma raison d'être comme acteur dans cette industrie. Je veux contribuer, à ma façon, au retour à la base du développement personnel. Et, comme pour tout changement (on en reparlera plus tard), on doit avant tout abandonner ce qui ne fonctionne pas, ce qui ne donne pas de résultats et faire quelque chose de nouveau.

Ce retour à la base, pour moi, se trouve dans la jarre à bonbons de grand-maman!

LES BONBONS DE GRAND-MAMAN

◆◆◆

Permettez-moi une autre petite incursion familiale…

Je conserve deux souvenirs des visites du dimanche après-midi chez ma grand-maman maternelle. Le premier? Ces baisers mouillés à cause de sa moustache en sueur! Le second? Ce petit plat de bonbons qui semblait vivre en permanence au centre de sa table de salon.

Je m'attarderai au second!

Mon rituel à mon arrivée chez elle était toujours le même : un baiser mouillé et vite je me rendais au salon pour ouvrir le couvercle du petit plat et choisir mon bonbon préféré. À vrai dire, pour me battre avec l'amas de bonbons soudés qui s'y trouvaient.

Après en avoir détaché un du lot, je m'installais dans un coin du salon et je jouais avec les bibelots en porcelaine qui, à l'époque, étaient le cadeau promotionnel le plus populaire du thé Red Rose.

Ces après-midi chez grand-maman ne me rendaient pas nécessairement heureux, mais ses bonbons et les petits bibelots m'aidaient à passer à travers ces moments obligatoires de ma vie de petit garçon.

Au risque de décevoir les cœurs tendres, je n'ai ni le temps ni l'intention de vous prendre par la main et de vous emmener chez grand-maman dans les prochaines pages et de vous servir des bonbons, encore moins de vous divertir avec des bibelots.

Cela dit, il n'y a pas que le plat de bonbons dont je me souvienne de mes visites chez grand-maman. J'ai déjà passé un *week-end* complet chez elle alors que j'avais une grippe de petit garçon, l'embryon de ce qui allait devenir, comme pour tous les hommes, le plus grand malaise qui soit : une grippe d'homme!

Me voici donc chez grand-maman à rêver de sucer pendant 48 heures ses bonbons sucrés pour guérir ma gorge. J'avais besoin qu'on s'occupe de moi, qu'on me cajole, qu'on me porte attention, qu'on m'écoute, qu'on me comprenne et qu'on accepte que je me plaigne. Mais non, j'y ai vécu, dès la première heure sur place, sûrement le pire moment de ma jeune vie. Grand-maman avait LE remède pour moi : du sirop Buckley! La méthode dure. Comment pouvait-elle faire subir un tel supplice à ce petit garçon en détresse?

Du sirop Buckley! Entre ça et un coup de pelle en plein front, j'aurais choisi la pelle. Imaginez, le slogan d'une des campagnes publicitaires les plus primées de Buckley au cours des années 80 fut : « Buckley, ça goûte mauvais mais ça marche. » En 1986, lors d'une entrevue, Frank Buckley disait sarcastiquement : « J'ai réussi à cause du mauvais goût hérité de mon père. Je me réveille en sueur à la suite de cauchemars au cours desquels des gens me font goûter à mon propre traitement. »

Et voilà qu'aujourd'hui, j'utilise la méthode Buckley!

Je parle du développement personnel dans de nouveaux termes qui ont peut-être eux aussi mauvais goût à la première écoute, mais dont la simplicité et le gros bon sens ont, c'est mon objectif, l'impact d'une cuillerée de Buckley.

Plusieurs, incluant d'autres conférenciers en développement personnel, n'aiment pas et n'aimeront pas davantage mon message et mon approche en lisant ce livre. Devinez quoi? Je m'en fous! Je ne fais pas ce métier pour être aimé, sans que cela vous empêche de m'aimer! Je crois toutefois qu'en disant les choses telles qu'elles sont, je saurai gagner votre respect. Je ne cherche pas à me faire de nouveaux amis, mais je ne crois pas que mon propos, une fois bien compris, soit non plus générateur d'ennemis.

Je crois en mon message et en ma façon de le livrer. Il a fonctionné et il fonctionne encore pour moi. Je suis ainsi convaincu qu'il peut aussi fonctionner pour d'autres.

Sans aller jusqu'à m'aimer ou à me détester, peut-être ne serez-vous tout simplement pas d'accord avec l'un ou l'autre de mes propos. Peut-être que ceux-ci seront à un point tel à l'opposé de ce que vous avez toujours entendu en développement personnel que vous en viendrez à vous dire que ma vérité est fausse! Je ne crois toutefois pas que, parce qu'un propos est contraire à ce à quoi nous croyons, cela en fasse automatiquement un propos qui est faux. Il peut simplement être différent et sortir des sentiers battus sans être automatiquement faux.

J'accepte donc très bien que mes propos et moi-même soyons hors normes. J'y vois là, au contraire, une approche nouvelle et rafraîchissante, un message terre à terre, un style vrai de discussion de salon auquel il vaille la peine de s'arrêter.

J'ai pas de temps à perdre, alors commençons immédiatement avec quelques « confrontations » entre les bonbons de grand-maman et son sirop Buckley.

« VOUS POUVEZ TOUT FAIRE DANS LA VIE, TOUT AVOIR ET TOUT ÊTRE. »

APPROCHE BONBON

Il est presque impossible d'assister à une conférence de motivation et de ne pas entendre au moins une fois lors de celle-ci la phrase suivante : « Vous pouvez tout faire dans la vie, tout avoir et tout être! » Le bonbon fait du bien quand on le suce lentement dans sa bouche. Cette phrase fait tout autant de bien à l'âme quand on l'entend. Mais le bonbon donne des caries, et cette phrase donne de faux espoirs.

C'est faux! On ne peut pas TOUT FAIRE dans sa vie. Supposons que vous soyez un *fan* inconditionnel de la Formule 1. Depuis votre tendre enfance, vous rêvez de ce jour où vous serez au volant d'une de ces machines infernales en roulant à 350 km/h sur le circuit Gilles-Villeneuve de Montréal. Mais voilà, à 17 ans, vous mesurez déjà 1,90 m et pesez 90 kg. Vous ne serez jamais pilote de Formule 1! Pensez plutôt faire des courses de camions monstres. En moyenne, les pilotes de Formule 1 mesurent 1,70 m et pèsent 60 kg. Vous n'entrez pas et n'entrerez jamais dans le *cockpit*!

C'est aussi faux et idiot de faire croire aux gens qu'ils peuvent TOUT AVOIR dans la vie. Réunissez Warren Buffett, Bill Gates, Donald Trump, Céline Dion et Oprah Winfrey, cinq des personnes les plus riches au monde. Même si celles-ci avaient le rêve ultime d'un jour acheter la Lune, elles n'y arriveraient pas. La Lune n'est pas à vendre! Au fait, elle n'appartient même à personne.

Il est aussi faux de prétendre que nous pouvons TOUT ÊTRE dans la vie. Je vous donne l'exemple d'une de mes ex-belles-mères, très certainement la femme, en dehors d'une congrégation religieuse, la plus pratiquante que j'ai eu l'occasion de connaître. La messe tous les dimanches, la prière avant chacun des repas, le respect du carême… Mais, aussi religieuse et pratiquante soit-elle, même si son rêve le plus fou est d'un jour devenir pape, ce serait faux de lui dire qu'elle peut effectivement devenir pape.

Faites attention à ce en quoi vous croyez. Ce n'est pas parce qu'une phrase sonne bien à votre oreille qu'elle est vraie, même si elle vient d'un conférencier qui monte sur une scène et qui écrit des livres depuis des années!

Ayez une écoute lucide.

Réfléchissez.

Ce genre de propos bonbons, si vous les prenez au pied de la lettre, entraîneront inévitablement des caries émotionnelles. Vous serez inévitablement déçu parce que ces objectifs sont tout simplement impossibles à réaliser.

MON APPROCHE

Rêvez! Et, tant qu'à rêver, rêvez grand. Pourquoi rêver petit? Mais rêvez lucidement et ne faites pas *que* rêver. Vous n'accéderez jamais à ce à quoi vous rêvez si ultimement vous ne faites pas les gestes pour y accéder. Assurez-vous que vos rêves demeurent possibles. Peut-être difficiles à réaliser, peut-être même improbables, mais possibles. Bien qu'ils aient tous deux la peau verte, Yoda ne sera jamais Hulk et Hulk ne sera jamais Yoda.

Voici ce que vous devriez entendre et lire des conférenciers en développement personnel :

Vous pouvez
ACCOMPLIR PLUS,
FAIRE PLUS,
AVOIR PLUS et
ÊTRE PLUS
en lien avec votre réalité et votre potentiel.

VOULOIR est une chose, POUVOIR en est une autre, mais FAIRE est la clé : vous devez prendre l'engagement de consacrer le temps et les efforts nécessaires pour développer ce potentiel qui vous permettra de réaliser plus, de faire plus, d'avoir plus et d'être plus.

Mettez de côté les rêves absurdes et soyez plus pragmatique. Soyez vrai avec vous-même. Prenez conscience de vos talents et de votre potentiel à les développer.

« RIEN N'EST IMPOSSIBLE »

Voici quelques définitions avant d'aller plus loin :

Impossible : qui ne peut être réalisé, qui sort des limites du possible.

Improbable : qui a peu de chances de se réaliser.

Difficile : qui n'est pas facile à faire, qui demande un effort, mais qui est réalisable.

APPROCHE BONBON

« Rien n'est impossible! » est très certainement la phrase la plus répétée lors des conférences de motivation et d'inspiration. « Soyez positif », « Donnez "votre" 110 % », « N'abandonnez jamais » sont le genre d'affirmations à la base de cette croyance que rien n'est impossible.

Je prenais part un jour à une conférence au cours de laquelle on me reprocha d'utiliser « une ancienne définition » du mot *impossible*, à savoir « qui ne peut être réalisé, qui sort des limites du possible ». On m'a dit alors que la nouvelle définition est « l'incapacité à concevoir une autre réalité ». Non! La définition d'un mot date de sa création et ne change pas avec le temps! Il ne s'agit pas d'une nouvelle définition, mais bien d'une interprétation créée par un Yoda pour soutenir sa croyance. C'est très différent. Croyez les mots et utilisez les bons!

MON APPROCHE

Par où commencer? Au fait, il me semble que les définitions des mots *impossible*, *improbable* et *difficile* devraient suffire pour faire prévaloir mon point. D'ailleurs, voici trois arguments sur quelques-unes des phrases écrites plus haut :

1. « Soyez positif »

Je suis de nature généralement positive, mais, à elle seule, mon attitude positive ne rendra jamais rien d'impossible... possible.

2. « Donnez votre 110 % »

Voilà une chose impossible! On ne peut donner plus que son 100 %. C'est comme lorsque nous prenons l'avion et qu'on nous demande de bien ranger les bagages au-dessus de nos têtes parce que « le vol est aujourd'hui plus que plein » (*overbooked*).

C'est impossible qu'un vol soit plus que plein. Que va faire l'équipage une fois les bagages bien rangés au-dessus de nos têtes? Mettre les personnes en trop sur les ailes?

3. « N'abandonnez jamais »

L'idée qu'il ne faut jamais abandonner est fausse! Je suis aussi de nature persévérante. Je dirais même que je suis un peu têtu. Une étude de la Harvard Business School a démontré que 62 % des ventes s'effectuent après la huitième tentative de prise de contact avec un client. Mais, si après 425 tentatives, vous n'avez pas encore réussi à vendre à ce client, ne soyez pas stupide : abandonnez! Autre point. Comme nous le verrons plus tard, abandonner constitue une des étapes du changement.

Bon, mon « pétage » de plombs sur ces petites phrases bonbons est terminé. Revenons à l'impossible.

Lors de mes multiples échanges sur Facebook à ce sujet, une charmante dame, probablement une amie de ma tante Rose, m'a fait part d'une découverte incroyable qu'elle avait faite, quelque chose de nouveau, quelque chose que je n'avais jamais remarqué avant. Elle m'a dit : « Monsieur Nadeau, n'avez-vous pas remarqué que dans le mot *impossible* se trouve aussi le mot *possible*? »

Sincèrement, après le bouton à quatre trous, cette dame venait de faire la découverte du siècle. QUELLE ABSURDITÉ!

Ma réponse fut, avec mon ton et mon humeur joviale, de lui citer un exemple en utilisant son « révolutionnaire » jeu de mots. Imaginez un peu cet homme qui, depuis quelque temps, éprouve des problèmes érectiles. Inquiet, il prend son courage à deux mains et se rend voir son médecin qui recommande des tests. Quelques semaines passent et le médecin convoque de nouveau l'homme pour lui communiquer les résultats : « J'ai une mauvaise et une bonne nouvelle pour vous. Les tests ont en effet démontré que vous êtes impuissant. Mais, attendez, j'ai quand même une bonne nouvelle! Remarquez bien ceci. Le mot *impuissant* contient le mot *puissant*! »

C'est en reprenant connaissance, le nez enflé, que le médecin se souvint de sa dernière phrase.

Plusieurs me disent que je m'« enfarge » dans les mots quand j'en viens à parler de l'impossible. Non! Vous payez pour lire des auteurs ou pour voir des conférenciers et les entendre pendant une heure et demie sur une scène. Ça ne vous tente pas que la personne en face de vous vous dise les vraies affaires, la vérité, qu'elle utilise les bons mots et, dans ce cas, qu'elle cesse d'utiliser un terme qui, au bout du compte, ne fera que vous entraîner dans l'illusion? Et pire, dans la déception, quand vous aurez vous aussi réalisé que c'était impossible. Vous n'êtes pas tanné, vous, d'entendre de belles phrases ou de beaux mots remodelés juste parce que ça sonne bien?

Il faut cesser comme conférencier d'employer de jolis mots et de dire ce genre de belles phrases que les gens veulent entendre juste parce que ça remplit des salles et que ça fait vendre des livres.

Ce qui est impossible est impossible. Non réalisable. Point final!

C'est plate, ce n'est pas *cute*, ce n'est pas vendeur, mais c'est ça. Je sais, je choque les autres conférenciers en disant cela et je « pète la balloune » de plusieurs d'entre vous. Je n'ai aucun problème à péter des ballounes qui sont à mes yeux remplies de faux espoirs. Je crois en fait que dire les vraies affaires offre beaucoup plus d'espoirs réels et de possibilités réalisables que le contraire.

Vous vous êtes sûrement déjà retrouvé devant une occasion opportune, un projet que vous jugiez impossible ou vous avez déjà eu un rêve que vous considériez comme impossible, mais que vous avez quand même réalisé. Si tel est le cas, c'est que ce projet, cette possibilité ou ce rêve n'était pas à la base impossible. Il était peut-être improbable et difficile à réaliser, mais il n'était pas impossible.

Il arrive parfois que nous fassions face à nos rêves et à nos objectifs en état de panique et que nous les laissions tomber pensant qu'ils sont impossibles. À l'opposé, il arrive que nous percevions ceux-ci comme carrément impossibles, mais nous désirons les réaliser à un point tel que cela nous motive à regrouper toutes nos forces et à partir à leur conquête malgré tout. Dans les deux cas, nous nous retrouvons aux extrêmes de notre façon de voir nos rêves et de notre désir de les réaliser. Nous nous virons à l'envers et nous cassons la tête à nous demander si nous fonçons ou reculons. Mettez fin à cette bataille interne et faites le point : ce qui est vraiment impossible est impossible et tout le reste, que vous croyiez impossible, est en fait peut-être uniquement improbable et difficile, mais possible.

Je le dis souvent et je ne le répéterai jamais assez, la vie est simple. Les gens aiment dire qu'elle est compliquée ou la rendent complexe uniquement pour se donner d'avance une excuse de ne pas réussir avant même d'avoir pensé à agir, de l'avoir dit ou simplement d'être passé à l'action.

Si vous faites partie de ceux-ci, vous devez cesser de croire que tout est si difficile uniquement parce que c'est cette petite histoire que vous vous êtes faite dans votre tête et qu'en vous collant à cette histoire, vous vous assurez de ne pas sortir de votre zone de confort.

Vous devez réaliser que c'est en fait en dehors de votre zone de confort que vous réaliserez les plus grands projets. S'il y a un endroit où vous pourrez toujours me trouver à vos côtés, c'est sur le bord de cette ligne de la zone de confort où je me tiendrai debout pour vous pousser en dehors. Non pas en vous faisant croire que, de l'autre côté de la ligne, tout est possible, mais très certainement en vous disant et en vous encourageant à savoir que vos rêves, aussi improbables et difficiles puissent-ils vous paraître, sont réalisables.

Vous voulez être un rêveur lucide, reconnaissant l'impossible, mais prêt à mettre au défi l'improbable et le difficile? Mettez le compteur de la peur à zéro. Éliminez les doutes et faites la sourde oreille aux gens qui plisseront du front quand vous leur parlerez de vos objectifs. Engagez-vous avant tout envers vous-même. Faites au minimum un geste par jour qui vous émerveillera et qui vous rapprochera de la réalisation de votre objectif... idéalement le matin. Ouvrez les yeux, regardez autour de vous, soyez intuitif : une foule d'outils traînent autour de vous et ils sont prêts à être utilisés.

Cette lucidité de l'improbable et du difficile versus l'impossible changera littéralement votre état d'esprit par rapport à vos objectifs.

Pensez « facilité » au lieu de « difficulté », « simplicité » au lieu de « complexité ». Vous serez surpris à quel point vous aurez raison. La vie est sensible à nos perceptions et réagit à nos actions.

LA CLÉ DE TOUT : L'ATTITUDE ET LA MOTIVATION?

Voici d'autres expressions qu'on entend régulièrement lors de conférences en développement personnel : « la clé du bonheur », « la clé du succès », « la clé d'une meilleure santé », etc.

Vous savez ce qu'est une clé, cette pièce de métal dans laquelle on sculpte, dans sa partie la plus longue, des coches aux allures de montagnes russes avec des parties hautes et basses. Ces coches sont d'une grande importance dans l'objectif ultime d'accéder à une pièce, par exemple, mais encore faut-il passer à l'action, prendre la clé entre nos mains, l'insérer dans le trou de la serrure, tourner et pousser la porte. Une clé n'est qu'un bout de métal travaillé, si on ne fait pas de gestes concrets qui lui donneront sa raison d'être.

APPROCHE BONBON

J'avoue ne pas avoir fait d'analyse statistique ou mathématique avec un degré de probabilité calculé à une décimale près et une marge d'erreur très clairement identifiée. Je vais quand même me risquer en estimant à 90 % le nombre de conférences bonbons dans lesquelles on y répète la phrase suivante : « Ayez une attitude positive et tout ira bien dans votre vie! » Aux dires de la majorité des gourous en développement personnel, LA clé à tout dans la vie est l'attitude positive. Pour une autre très grande majorité de gourous, souvent les mêmes, l'autre élément clé du bonheur, de la réussite, de l'accomplissement, du succès et de la prospérité est la motivation. Et cette industrie de l'attitude positive et de la motivation réussit très bien. Les salles sont pleines de gens qui veulent entendre une personne sur scène qui, pendant une heure et demie, leur dira exactement ce qu'ils veulent entendre, souvent, je dois l'admettre, de façon très originale et très divertissante. Les bibliothèques sont remplies de livres sur l'attitude positive et la motivation.

Mon problème avec ça est que l'attitude n'est pas LA clé du bonheur, de la réussite, de l'accomplissement, du succès et de la prospérité et que la motivation ne fonctionne tout simplement pas!

MON APPROCHE

Je commence habituellement ma conférence « Pensez à l'action » de la façon suivante. Après quelques mots d'introduction et quelques phrases de nature légère et humoristique, j'invite les gens à souffler la balloune que je leur ai remise à leur arrivée. J'ajoute à la bonne humeur des gens et à cette belle attitude positive que j'ai instaurée en début de conférence la phrase suivante alors qu'ils sont en train de souffler leur balloune : « Ça devrait bien aller, car je les ai toutes soufflées au moins une fois avant votre arrivée! » J'ai le sourire, tout le monde a le sourire, les ballounes roses sont toutes gonflées et tout le monde les tient bien à bout de bras. Et là, j'ajoute : « Je vais compter jusqu'à trois, et à trois, vous allez laisser aller les ballounes en regardant bien ce qui se passera avec elles. » Un, deux, trois, GO! Et là, vous pouvez vous imaginer la scène, une centaine de ballounes qui s'envolent dans toutes les directions et qui graduellement se rapprochent du sol pour inévitablement y atterrir, toutes mollettes sur le côté, sans vie. Et je termine mon introduction par ceci : « Quel spectacle, n'est-ce pas? Vous aviez tous le sourire aux lèvres. C'était merveilleux! Une belle émotion se dégageait de la salle. Mais là, tout est terminé. Déjà terminé. Ces belles ballounes, ces *gadgets* externes gonflés à bloc se sont vidés rapidement après nous avoir fait bien rire et nous avoir divertis. Maintenant, regardez autour de vous. Que voyez-vous? »

L'attitude positive n'est pas LA solution à tous vos problèmes. La motivation ne fonctionnera jamais si elle ne vient toujours que de l'externe. Ni l'attitude positive ni la motivation, à elles seules, vous feront passer d'où vous êtes dans votre vie à où vous voulez être.

Relisez cette phrase, elle est très importante. **Ni l'attitude positive ni la motivation,** à elles seules, vous feront passer **d'où vous êtes dans votre vie à où vous voulez être.**

L'attitude positive et la motivation suivent exactement le même chemin que les coches sur la clé. Elles ont des hauts et des bas. Vous devez être à l'écoute de ces hauts et de ces bas. Je reprends mon texte plus haut et l'adapte : ces coches sont d'une grande importance dans l'objectif ultime d'accéder à une vie meilleure, mais encore faut-il passer à l'action et faire des gestes en accord avec notre attitude et notre motivation interne, des gestes qui nous rapprocheront de notre vie de rêve.

Bon, je sais, là, que je viens d'offenser une grande partie de la population qui laisse sa vie comme une offrande entre les mains de son attitude et de la motivation. À ces personnes je dis : « Je n'ai pas terminé avec vous! » Aux autres je dis : « Ne vous bombez pas le torse : continuez de lire! »

Vous vous en souvenez, au chapitre « Avertissement » de ce livre, j'affirmais avec conviction que, sans même vous connaître, je vous sais 100 % à l'aise avec votre vie actuelle, dans tous ses aspects : votre travail, votre couple, votre santé, votre situation financière, votre relation avec vos enfants, vos amitiés...

Vous êtes, tout comme moi (en m'incluant, je viens de me sauver d'une séance de tirage de tomates!), 100 % à l'aise avec la vie que vous avez parce que, sinon, il en serait autrement.

Vous êtes *confortable* dans votre statu quo et ce n'est certainement pas l'attitude positive ni la motivation qui, à elles seules, vous en feront sortir.

Vous y êtes *confortable*, mais vous voulez en sortir! La preuve, vous avez acheté ce livre pensant probablement que vous y retrouveriez là encore tout ce que vous avez déjà entendu et lu et qui vous fait vous sentir bien avec la vie que vous avez.

SURPRISE! Je vous avais pourtant averti dès le départ.

Vous savez, je suis reconnu par mes proches comme étant une personne joviale, amicale, charmante, positive, avec une propension phénoménale à la jouissance et au bonheur. Un des plus beaux compliments que j'ai déjà eus en ce sens fut de me faire dire que j'étais d'une charmante exubérance.

Comment ai-je bien pu en arriver à monter sur scène pour dire aux gens les choses telles qu'elles sont, avec audace, et souvent avec l'objectif de les choquer? Au fait, il y a plusieurs raisons, mais une des principales est que, justement, malgré mon attitude généralement positive, je pourrais passer une semaine complète à vous raconter la merde que j'ai eue dans ma vie, des mésaventures, des situations tristes et parfois même dramatiques. Je suis la preuve vivante que l'attitude positive et la motivation, à elles seules, n'ont pas fait de moi la personne que je suis aujourd'hui. Et c'est ce que je raconte sur scène et dans ce livre.

Mon point est le suivant : **ce qui compte pour être heureux et avoir du succès, c'est pas tant d'avoir une bonne ou une mauvaise attitude, mais de savoir ce qui fonctionne et ce qui ne fonctionne pas**.

Ce qui vous fera passer d'où vous êtes à où vous voulez être. Et ça, la bonne attitude à elle seule n'y arrivera pas!

SOYEZ NÉGATIF!

Ne me tirez pas de tomates, je viens de le dire, la bonne attitude est importante bien qu'elle ne représente pas LA clé ultime du bonheur et du succès.

Je crois toutefois que, dans certaines situations bien précises et occasionnelles, adopter une attitude négative, très négative, peut avoir un impact phénoménal pour atteindre un objectif.

Ce n'est pas quand vous vous sentez bien avec vous-même que vous apportez les plus grands changements à votre vie.

Je vous raconte une de mes expériences personnelles en ce sens.

Je me plais souvent à dire à la blague que j'ai le poids idéal! Mon « problème » n'est pas relié à mon poids, mais à ma « grandeur ». Je ne suis juste pas assez grand. Je mesure déjà 1,83 m, mais à mon poids, je devrais mesurer 2 m!

Mais bon, plus sérieusement, il y a quelques années, je dois admettre que j'avais quelques kilos à perdre. Ce surplus de poids me rendait mal à l'aise, mais juste pas assez pour régler définitivement ce problème. Tous les matins, en sortant de la douche, je quittais immédiatement la salle de bain, sans passer devant le miroir, pour me rendre dans ma chambre. Je m'y habillais en m'assurant de serrer toujours un peu plus ma ceinture et de porter des vêtements foncés. Je retournais alors me voir dans le miroir en me répétant : « Pas si pire que ça » et en me faisant un p'tit clin d'œil. Puis, je partais et passais une autre journée... pas si pire que ça!

Un jour, au lieu de passer tout droit devant le miroir en sortant de la douche, je me suis installé devant celui-ci. J'y ai vécu, intentionnellement, un moment de disgrâce, de honte, et d'« écœurantite » aiguë envers moi-même. Nu, devant le miroir, je me suis regardé sous tous les angles. Croyez-moi, vraiment sous tous les angles! Ce n'était pas beau à voir. J'étais à ce moment célibataire et je me souviens de m'être demandé : « Mais qui pourrait être attiré physiquement par un tel corps? »

L'émotion de ce moment fut la clé. J'ai autocréé un moment d'émotions négatives tellement fort que je me suis promis de ne plus jamais le revivre. C'est à cet instant précis où mes pensées, mes paroles et mes actions ont changé et que j'ai perdu le poids que je voulais perdre. Faites le test. Pour en arriver à faire un changement positif dans votre vie, vous devez **parfois** être négatif par rapport à celle-ci.

Bon, voilà, j'ai fait le tour de mes histoires familiales. Pas de temps à perdre, passons maintenant à l'action... non sans y avoir d'abord pensé.

PENSEZ À L'ACTION

◆◆◆

« Je suis mince, je suis mince, je suis mince. Non, tu es gros, très gros même! »

J'avais entendu ces paroles à plusieurs occasions, mais là, à huit heures du matin, les entendre de la bouche de mon petit garçon de sept ans assis à l'arrière de mon véhicule en route vers l'école, ça réveille plus qu'un double espresso!

Quand je suis sur la route, je fais régulièrement l'écoute de CD en développement personnel produits par mes principaux mentors. Je me souviens d'avoir écouté un de ceux-ci de Larry Winget au retour de petites vacances avec fiston. Ces paroles que fiston venait de répéter venaient de Larry. Je tente de traduire librement son propos : « Dans la foulée de la pensée magique liée à la secrète et divine loi de l'attraction, je voyais récemment à la télé un homme d'au moins 160 kg assis sur son divan qui, posant ses mains sur son cœur, lançait à répétition son message à l'Univers : " Je suis mince, je suis mince, je suis mince. " Non! Tu es GROS. Lève-toi le derrière de ton divan et va marcher! »

Et fiston de me demander : « Papa est-ce que c'est ça que tu fais, toi, dans la vie, dire aux gens qu'ils sont gros? »

Mon point, et celui de Larry, est que d'y penser ne suffit pas!

Posez les mains où vous voulez sur votre corps, donnez libre cours à vos pensées tant que vous le voulez, cela vous procurera peut-être de petits plaisirs occasionnels (...), mais jamais cela ne vous fera perdre du poids ni ne vous apportera le bonheur, la prospérité, le succès, l'amour, la santé.

D'un autre côté, si vous ne faites que passer à l'action sans réfléchir, vous serez alors comme une poule à la tête coupée qui va dans toutes les directions pour n'aboutir à rien.

Le titre de ma toute première conférence est « Pensez à l'action ». Je parle dans celle-ci de l'importance cruciale de nous arrêter, de penser à nos rêves, de *challenger* leur lucidité, d'y croire, de les visualiser au terme de leur réalisation, d'en vivre l'émotion et, inévitablement, si nous voulons passer à une autre étape, d'en faire un plan en vue de leur réalisation. C'est l'énergie générée par tout ce processus intérieur qui engendre l'action inspirée.

Pour demeurer dans l'analogie de mon exemple du début de ce chapitre, que vous soyez gros, que vous posiez la main sur votre cœur et que vous vous disiez cinquante fois par jour que vous êtes mince, je n'ai aucun problème avec cela si et seulement si cette pensée, cette inspiration botte votre gros derrière pour vous extirper de votre divan et vous propulser dans l'action.

Mais rares sont ceux qui se rendent jusque-là parce que ça demande un effort et parce que les Yoda les ont convaincus que ça pouvait arriver juste à y penser et en envoyant leurs vibrations dans l'Univers miraculeux.

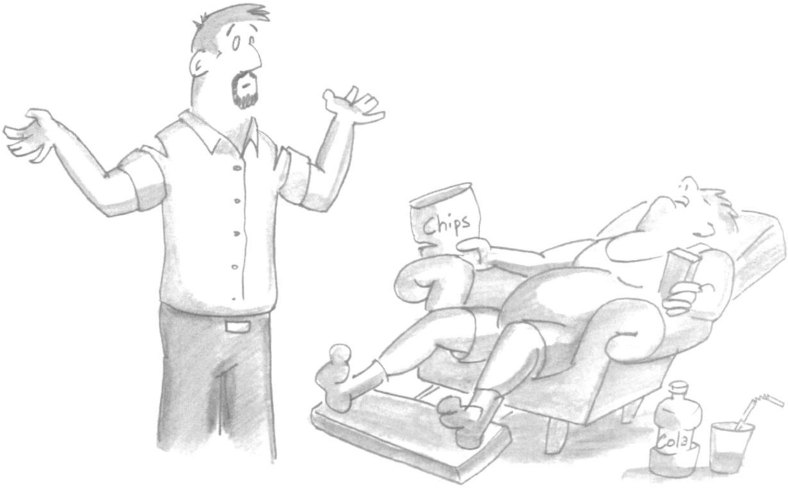

Ça n'arrivera pas comme par miracle. Je suis allergique aux formules magiques. Ça prendra de la planification, de la discipline et du *travail*.

Oups! Je viens pour la seconde fois dans ce livre de perdre la moitié des lecteurs avec ce terme blasphématoire : *travail*!

« Me niaises-tu, là, Jean? Il va falloir que je travaille pour passer du statu quo de la vie que j'ai actuellement à cette vie à laquelle je rêve? Je ne peux pas juste dire mes affirmations quotidiennes? T'as pas, toi aussi, un exercice scientifique, même si t'es pas capable de l'expliquer, qui ferait en sorte qu'en me "zignant" l'épaule tout irait tout simplement mieux, sans effort, dans ma vie? »

Non! Je ne passe pas par ces grands secrets découverts dans des voûtes cachées et soudainement dévoilés par certains depuis une dizaine d'années. Je ne passe pas par là parce que je crois que des SECRETS en développement personnel et professionnel, des SECRETS pour passer d'où on est à où on veut être, IL N'Y EN A PAS!

Ce que ça prend pour être heureux, épanoui, accompli, en santé, pour avoir du succès en amour ou en affaires, pour être prospère, pour être un bon parent et un bon ami, pour être honnête, intègre, fier, pour croire en soi, c'est exactement ce que ça prenait à l'homme de Néandertal et ce que ça nous prend encore aujourd'hui.

Ne croyez jamais personne qui vous dira : « J'ai trouvé le secret qui changera votre vie personnelle ou professionnelle. » Le secret, c'est qu'il n'y a pas de secret.

Vos pensées, vos paroles et surtout vos actions sont les forces créatrices de tous les accomplissements personnels ou professionnels.

En voici un exemple percutant et démontrant l'importance de penser à l'action avant de passer à l'action. C'est une histoire extraordinaire que j'ai entendue pour la première fois lors d'une conférence de mon ami Jean-Marc Chaput.

L'histoire est tirée du livre *Great by Choice*, de Jim Collins, publié en 2011.

En quelques mots, l'histoire raconte la divergence de stratégies entre deux explorateurs, Roald Amundsen et Robert Falcon Scott, dans leurs efforts de guider leurs équipes respectives afin d'être les tout premiers à atteindre le pôle Sud en octobre 1911.

L'expédition était d'environ 2 250 km, c'est-à-dire l'équivalent de la distance entre Québec et Washington aller-retour. Bien évidemment, l'environnement était peu clément et la température pouvait descendre à -50 °C, même en été. À cette époque, les deux expéditeurs n'avaient aucun des moyens de communication modernes qui existent aujourd'hui, ce qui limitait de façon extrême les possibilités de sauvetage en cas de problèmes.

Un des deux explorateurs conduisit son équipe à la victoire et à la survie, alors que l'autre conduisit son équipe à la défaite et à la mort.

Amundsen prépara son équipe avec discipline pendant des années avant l'expédition. Il avait étudié et appris ce que ça prenait pour survivre dans des conditions polaires, allant jusqu'à vivre avec des Inuits pour apprendre de leurs habitudes.

Pour sa part, Falcon Scott se prépara de façon totalement opposée à celle d'Amundsen. Sa préparation fut minimale et sa planification était basée sur son sens de l'action impulsive plutôt que sur des plans et des recherches approfondies de l'environnement inhospitalier dans lequel il s'apprêtait à se lancer.

Amundsen prépara jusqu'à trois tonnes d'approvisionnement pour ses cinq hommes, alors que Falcon Scott n'en prépara qu'une pour ses sept hommes.

Amundsen allait utiliser des traîneaux à chiens, alors que Falcon Scott allait utiliser des traîneaux motorisés... qui allaient l'abandonner après seulement quelques jours d'expédition!

Le 15 décembre 1911, Amundsen et son équipe atteignirent le pôle Sud. Après y avoir planté le drapeau norvégien, ils amorcèrent immédiatement leur voyage de retour. À ce même moment, l'équipe de Falcon Scott se trouvait à plus de 600 km du pôle Sud. Un mois plus tard, Falcon Scott et son équipe se retrouvèrent debout devant le drapeau planté par Amundsen au pôle Sud. Découragés, ils reprirent la route vers le nord dans des conditions climatiques qui devenaient de plus en plus menaçantes et avec de moins en moins de provisions.

Amundsen et son équipe atteignirent le camp de base le 25 janvier 1912, comme prévu. De son côté, sans plus aucune provision, exténués et dépressifs, Falcon Scott et son équipe cessèrent d'avancer à la mi-mars. Huit mois plus tard, une équipe de reconnaissance britannique trouva les corps gelés de Falcon Scott et de son équipe.

Bien évidemment, comme nous l'avons démontré, l'équipe d'Amundsen était de loin beaucoup mieux préparée que celle de

Falcon Scott. Amundsen avait pensé et avait imposé une discipline à ses actions, ce que Falcon Scott n'avait pas quant à lui prévu.

Amundsen avait planifié et s'en tenait à une trentaine de kilomètres par jour, beau temps, mauvais temps. Lors des journées de belle température, la trentaine de kilomètres se faisaient très bien et l'équipe en profitait par la suite pour se reposer. Des jours plus difficiles allaient inévitablement se présenter. De son côté, Falcon Scott poussa souvent les membres de son équipe jusqu'à les exténuer lors des belles journées et ils restèrent enfermés dans leurs tentes à se plaindre de la température lors des mauvaises journées. À un certain moment, Falcon Scott fit face à six journées consécutives de mauvais temps et son équipe et lui ne prirent pas la route. De son côté, Amundsen fit face à quinze journées de températures extrêmes au cours desquelles ils voyagèrent quand même au rythme de 30 km/jour.

Voilà un exemple extraordinaire de penser et de passer à l'action.

Passer à l'action sans y avoir d'abord pensé vous fera, la plupart du temps, perdre du temps... temps que vous n'avez pas, comme moi, à perdre!

LES ZONES DE VICTOR

◆◆◆

Je l'ai mentionné précédemment, je le répète encore une fois, ce qui est impossible est impossible. Ça peut être improbable et possible ou difficile et possible, mais quand c'est impossible, c'est impossible.

Maintenant, pour rendre l'improbable et le difficile possibles, je suis d'avis qu'il faille la plupart du temps sortir de notre zone de confort ou, comme je le démontrerai dans les prochaines pages, donner de l'expansion à celle-ci en franchissant d'autres zones. Par choix ou en acceptant que des événements externes nous en expulsent!

Ce n'est pas toujours *cute* ni plaisant, ça prend des efforts et des actions, mais c'est très souvent en dehors de cette zone de confort que nous réalisons les changements les plus significatifs de notre vie.

La zone de confort dans laquelle la majorité des gens vivent, actuellement, le statu quo de leur vie, c'est cette zone où rien ne se produit, là où leurs rêves, leurs objectifs, leurs ambitions deviennent des mirages. Là où ils perdent leur temps. Si vous ne faites rien pour en sortir, c'est cette zone dont vous vous souviendrez le jour de votre mort en vous disant : « J'aurais donc dû! »

LES ZONES DE VICTOR

À neuf ans, Victor était un petit garçon très timide et très renfermé sur lui-même. Comme beaucoup d'entre nous, à cet âge, il avait son petit monde à lui. Victor avait une peur bleue de sortir de son petit monde. C'était là pour lui sa zone de confort. Un jour, les parents de Victor se procurèrent un chalet sur le bord de la mer, avec un accès direct à la plage, dans l'État du Maine, aux États-Unis. Quel enfant n'a pas rêvé d'un tel terrain de jeu dans sa cour arrière?

Pas Victor. Déjà qu'il avait dû se recréer une zone de confort à l'intérieur du nouveau chalet, la plage constituait pour lui une gigantesque zone d'inconfort. Imaginez donc le bord de l'eau et la mer sans fin. Victor a aujourd'hui 37 ans, il est scaphandrier spécialisé en soudure sous l'eau et possède sa propre maison sur le bord de la mer en Gaspésie.

Que s'est-il passé au cours de toutes ces années qui a changé ce petit bonhomme terrifié à l'idée de sortir de sa zone de confort? En quelques mots, il est passé par quatre étapes. Il est premièrement sorti du chalet de ses parents, au début avec eux, mais graduellement seul, pour apprendre et s'adapter au nouveau milieu devant lui : la plage. En apprenant et en s'adaptant à cette nouvelle zone, il regardait souvent le bord de l'eau, cet endroit qui l'effrayait pensant que l'eau qui montait et descendait pourrait repartir avec lui au large. Il s'y est plus tard trempé les pieds en sautant par-dessus les « vaguettes » inoffensives, comme nous l'avons tous fait à un moment ou à un autre de notre vie. Il « confrontait » ainsi sa troisième zone en repoussant ses limites. Puis, un jour, il s'est retrouvé au large à nager et à rire dans la mer.

En le voyant comme ça, au large, sa maman dit à son mari : « Tu vois ce que je vois? C'est un miracle! Il a réussi l'impossible! » Et lui de répondre : « Chérie, je suis aussi surpris que toi. On savait, toi et moi, que ça serait difficile. Je le voyais encore avant-hier sur le balcon du chalet et je me disais que c'était très improbable de le voir un jour même s'approcher de l'eau. Mais regarde-le! Ce n'était pas impossible. C'était difficile et improbable, mais pas impossible! »

Ce que Victor a fait, c'est donner de l'expansion à sa zone initiale de confort. Il a tremblé mais osé. Il a appris de nouvelles choses dans un nouvel environnement, il a vécu de nouvelles expériences en maîtrisant sa peur et s'est ouvert à une multitude d'occasions opportunes. Les résultats obtenus au passage de chacune des étapes lui ont donné de plus en plus de confiance pour réaliser l'improbable et le difficile.

Allons maintenant faire un petit tour à l'intérieur de chacune des zones de Victor pour voir ce que nous pouvons y apprendre.

LE CHALET DE VICTOR (zone de confort)

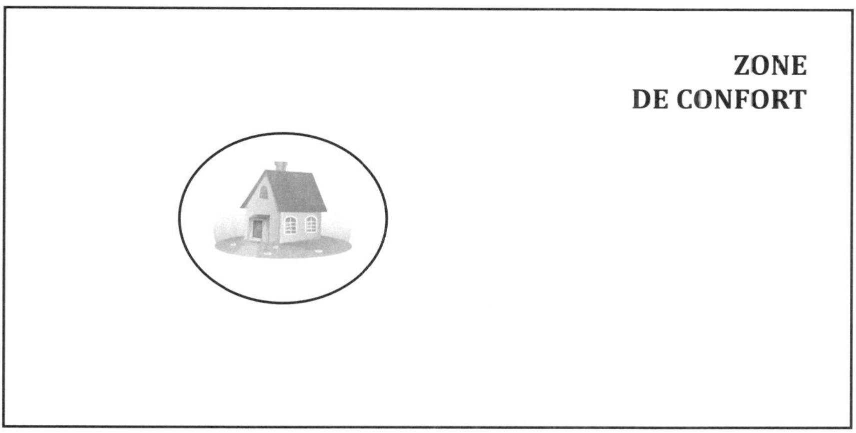

Cette zone est cet endroit où rien, ou presque, ne se produit, là où campe le statu quo. On entend souvent les gens dire : « Je veux faire cela, je veux avoir cela, je veux être cela. » Ce sont des « je veux » qui, s'ils se réalisaient, changeraient leur vie. Là où le bât blesse, c'est à l'inévitable étape suivante : **le faire, l'action**. L'inévitable étape si souvent évitée. Faire les gestes qui font passer du « je veux » et du

« je peux » au « je fais ». Trop souvent, je vois encore des gens se morfondre dans ce statu quo parce qu'ils ne se rendent pas à cette étape du « faire », préférant demeurer dans leur zone de confort. Ces gens, comme Victor pendant trop longtemps, n'en viendront jamais à grandir s'ils demeurent ancrés dans cette zone.

En passant, vous vous rappelez, au chapitre « Avertissement », que je vous disais que vous étiez 100 % à l'aise avec la vie que vous aviez, sinon elle serait autrement? Eh bien, voilà, vous êtes 100 % à l'aise dans votre zone de confort, même si vous la savez inconfortable à certains niveaux!

LA PLAGE (zone d'apprentissage)

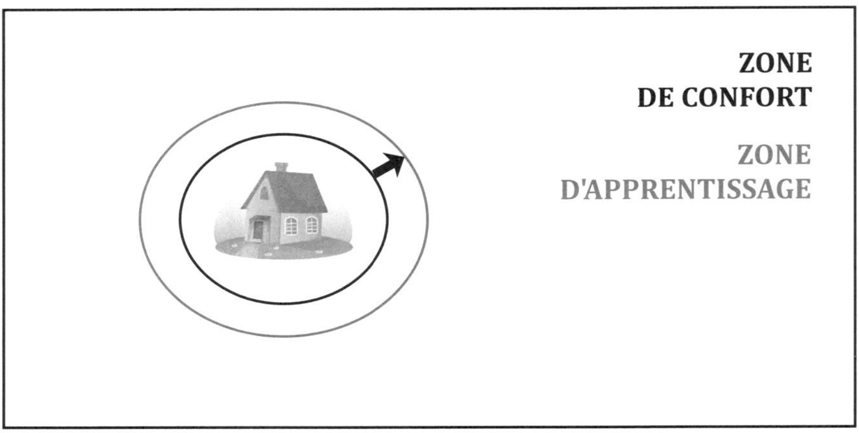

La zone d'apprentissage se situe tout juste en dehors de notre zone de confort. Elle en est l'*extension*. Pour Victor, les premiers pas dans cette zone furent en compagnie de papa et maman. Ceux-ci connaissaient bien cette zone. C'est dans celle-ci qu'ils avaient eux-mêmes appris un tas de choses qu'ils voulaient, à leur tour, enseigner à Victor.

Accéder à cette zone d'apprentissage se fait petit à petit. Le premier jour où Victor a mis les pieds dans le sable, papa et maman le tenaient par la main et marchaient très lentement à ses côtés, lui donnant tout le temps nécessaire pour découvrir et s'acclimater à ce nouveau plancher sous ses pieds, chaud et creusant sous chacun de ses pas. Pour aussi s'habituer à tous ces gens qui étaient comme lui dans cette très vaste zone d'apprentissage. Pour entendre de nouveaux sons. Bref, pour se rendre compte qu'en dehors du chalet, sa zone de confort, il y avait une autre vie remplie de choses à découvrir.

Sortez, vous aussi, de votre zone de confort, donnez-lui de l'expansion et aventurez-vous dans cette zone dans laquelle vous découvrirez de nouveaux horizons. Vous y ferez, à votre grande surprise et satisfaction, des choses que vous n'avez jamais faites avant. Vous vous amuserez même à vous mettre au défi en refaisant des choses que vous faisiez de façon si naturelle dans votre zone de confort, mais cette fois en les accentuant légèrement. En repoussant un peu, petit à petit, vos limites au rythme de vos apprentissages.

Vous voulez un exemple plus près de vous vous rappelant un de vos passages dans cette zone? Prenons celui de votre premier vélo avec les deux petites roues d'en arrière. Sortie de la zone de confort : laisser les Lego et les poupées derrière vous pour sortir de la maison. Entrée dans la zone d'apprentissage : petit à petit et graduellement, vous asseoir en équilibre sur le banc, apprendre à pédaler, rouler quelque temps avec les petites roues d'en arrière

LE BORD DE MER (zone de la peur)

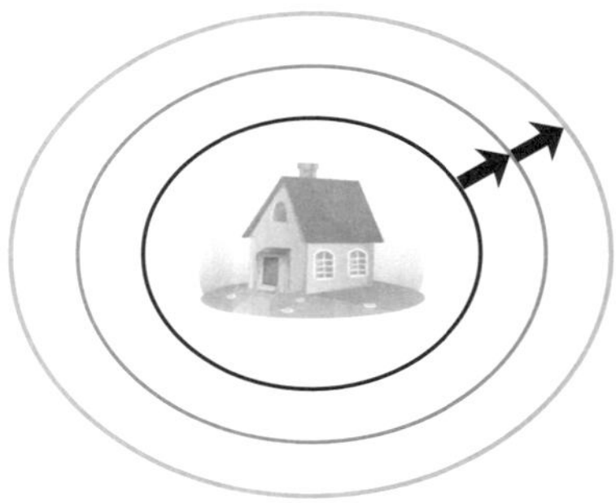

Vous avez certainement déjà entendu la citation suivante : « La connaissance est le pouvoir. » Je ne suis pas d'accord. C'est ce qu'on fait de la connaissance qui constitue le pouvoir. Victor a passé beaucoup de temps sur la plage à apprendre. C'était déjà là une très grande étape pour lui d'avoir su quitter sa zone de confort. Qui plus est, il pouvait y retourner assez facilement puisque celle-ci était adjacente à cette nouvelle zone, la zone d'apprentissage. Mais, au fil des jours, de plus en plus confiant grâce à ses nouveaux apprentissages, Victor se surprenait lui-même à jeter de plus en plus de regards vers cet endroit qui l'avait toujours terrifié : le bord de l'eau. Là où ces grosses vagues qu'il voyait au loin depuis leur premier jour au chalet venaient s'échouer. Un jour, Victor prit son courage à deux mains et serra très fort son G.I. Joe dans celles-ci. C'était à lui que Victor allait confier la dangereuse mission de franchir la barrière de la peur. Pendant des jours, les deux pieds toujours dans la zone d'apprentissage, au sec, Victor a lancé au large son missionnaire G.I. Joe. À sa demi-surprise (G.I. Joe est quand même un héros!), le légendaire personnage revenait toujours à ses pieds, repoussé par les vagues. Sûr de ses apprentissages, Victor franchit enfin lui-même cette frontière et fit face à ses peurs. Il fut surpris d'y trouver beaucoup moins de monde que dans la zone d'apprentissage. Ses parents, entre autres, se tenaient, fiers, dans la zone d'apprentissage en le regardant progresser.

La sensation de l'eau qui grimpait et descendait sur ses pieds, l'effet de déséquilibre que cela produisait, le niveau de l'eau qui montait sur ses jambes à chaque pas vers le large lui permettaient graduellement de vaincre cette peur.

La zone de la peur, comparativement à la zone d'apprentissage, est effectivement moins peuplée. Normal, celle-ci se trouve encore un peu plus loin de cette zone de confort que nous avons laissée il n'y a pas si longtemps et où tant de monde se satisfait de son petit « statu quo confortable ». C'est habituellement cette confiance acquise à travers nos apprentissages et les habiletés que nous avons développées dans la zone d'apprentissage qui nous poussent à lui donner de l'expansion et à mettre le pied dans la zone de la peur.

Plus près de vous... c'est le jour où, un peu fantasque, vous avez dit à papa : « OK, là, je suis rendu bon... on peut enlever les petites roues d'en arrière. »

LE GRAND LARGE (zone de l'improbable)

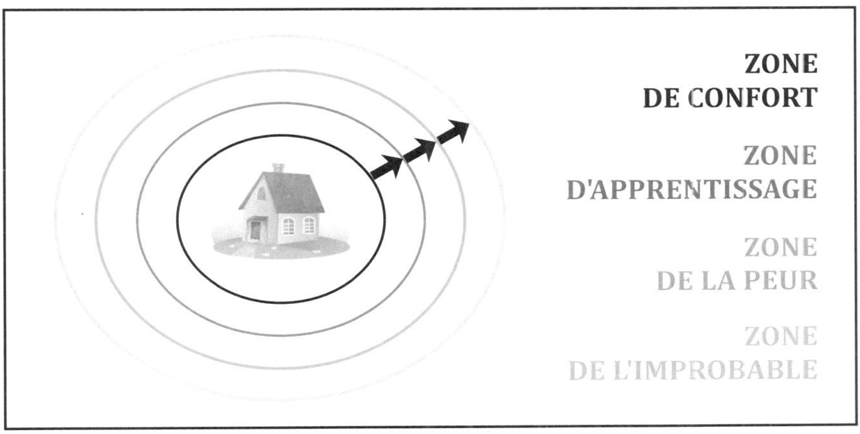

Un jour, immobile dans l'eau peu profonde, Victor fixa son regard sur le grand large. Il en avait fait, du progrès; élargissant sa zone de confort pour se retrouver dans la zone d'apprentissage où une confiance inespérée l'envahit. À un point tel qu'il put à nouveau donner de l'expansion à cette nouvelle zone pour faire ses premiers pas et apprivoiser la zone de la peur.

Mais, qu'y avait-il de plus, là-bas, au large, là où son regard ne pouvait distinguer une finalité? Pourrait-il encore élargir cette zone vers l'inconnu du grand large? Peut-être que G.I. Joe pourrait encore une fois l'aider. Il le prit de sa main droite et le lança le plus loin qu'il le put. Celui-ci atterrit quelques mètres plus loin, disparut quelques secondes pour revenir flotter à la surface. Mais voilà, il ne revenait pas. Le mouvement des eaux, un peu plus loin du large, était plus calme et plus lent et ne repoussait plus G.I. Joe vers Victor. Après plusieurs minutes, Victor pensa abandonner. « C'est trop difficile, cette fois, je n'y arriverai jamais. Les probabilités que j'en revienne vivant sont nulles! » Il se retourna pour regarder vers la berge. Il pouvait y distinguer son chalet, sa zone de confort, qui était au loin. Puis, cette grande et interminable plage, remplie de monde, cette zone dans laquelle il avait tant appris. Il réalisa que tout ce chemin le faisait se tenir droit, debout, en toute confiance dans cette zone qui lui faisait si peur jusque-là. Il se retourna encore vers le large et vit G.I. Joe. « Je ne peux l'abandonner. Il m'a tellement aidé. C'est mon mentor. J'aurai sûrement encore besoin de lui dans le futur. »

Sans y penser davantage, sachant très bien que sa technique de nage n'était pas encore parfaite, il plongea devant lui les yeux fermés en retenant son souffle. Il se rendit jusqu'à G.I. Joe, l'agrippa et revint rapidement vers la terre ferme. Refranchissant rapidement la zone de la peur, la zone de l'apprentissage – en passant devant ses parents au regard très fier – pour enfin revenir dans sa zone de confort. Il avait réussi non pas l'impossible, mais l'improbable.

Plus on s'acclimate à la zone de la peur, plus on s'approche de la dernière zone, la zone de l'improbable. Cette zone que plusieurs confondent avec celle de l'impossible... qui n'existe pas!

La zone de l'improbable est celle où depuis toujours nous enfouissons nos rêves les plus fous, les plus extrêmes. Mais, comme nous l'a démontré Victor, cette zone est atteignable. Ce qui nous semble improbable est peut-être difficile mais est réalisable.

IDENTIFIEZ VOS ZONES

Ce petit exercice est d'une importance capitale. Sortez crayon et papier et faites le devoir qui suit. Prenez quatre feuilles et au haut de chacune inscrivez les titres suivants :

1. **Ma zone de confort**

   Inscrivez sur cette feuille tout ce que vous faites facilement, sans trop y penser, dans votre vie personnelle et professionnelle.

2. **Ma zone d'apprentissage**

   Sur celle-ci, inscrivez ce que vous aimeriez peut-être faire qui se trouve aux limites de ce que vous croyez pouvoir accomplir. Quelque chose que vous n'avez jamais fait et que vous aimeriez apprendre à faire.

3. **Ma zone de peur**

   Vous devriez sentir la pression monter un peu en remplissant cette troisième feuille. Inscrivez sur celle-ci ce que vous aimeriez faire, mais qui vous fait littéralement « faire » dans vos culottes! Ce que vous aimeriez faire, mais que vous feriez seulement si vous n'aviez pas le choix.

4. Ma zone improbable

Enfin, sur cette dernière feuille, inscrivez ce que vous aimeriez vraiment, vraiment faire, mais pour lequel vous ne pouvez imaginer comment vous pourriez y parvenir. Ces choses qui vous semblent si difficiles qu'elles apparaissent totalement improbables à réaliser.

REPOUSSEZ VOS LIMITES

Voulant contribuer à l'œuvre de Gilles Kègle, celui que tout le monde appelle l'« infirmier de la rue », à Québec, par sa fondation, j'ai au mois d'octobre 2013 recueilli 10 000 $ et fait l'ascension du Kilimandjaro avec 30 autres personnes pour la cause. Sûrement, et de loin, l'expérience la plus exigeante, tant physiquement que mentalement, que j'ai vécue de ma vie.

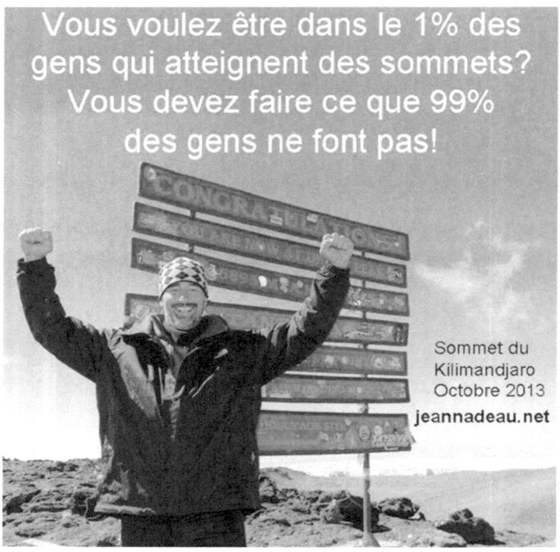

Cet accomplissement personnel me permet aujourd'hui de qualifier d'extrême et de très fortement improbable à réaliser le défi que s'était lancé Brave Spencer en juin 2012. Je n'ai pu trouver un meilleur exemple que celui-là pour vous démontrer qu'il est possible de passer à travers chacune de ces étapes et d'accomplir l'improbable. Pas l'impossible, l'improbable.

Brave (quel nom approprié!), un Canadien qui avait alors 31 ans, est parvenu à se hisser tout en haut du Kilimandjaro par la seule force de ses bras. Il a été amputé des deux jambes à cinq ans, à la suite d'une maladie génétique. À trente ans, il avait fait le pari, avec plusieurs amis, de se lancer à l'assaut de la montagne la plus haute d'Afrique!

Il s'était entraîné pendant toute une année avant d'entamer son incroyable ascension le 12 juin 2012. Sept jours plus tard (le même nombre de jours que ça nous a pris, nous, avec nos soixante pattes!), Brave s'est retrouvé devant le tableau de la victoire, sur le toit de l'Afrique, à 5 895 m.

« C'était incroyable, dit-il. Le sommet était presque comme un mirage. Nous avons regardé autour de nous et j'ai réalisé qu'après sept jours exténuants de grimpe incessante, de sang, de sueur et de larmes, nous l'avions réellement fait. »

Il avait raison, c'était incroyable. Pour l'avoir vécu moi-même, je peux vous le confirmer!

Mais aussi incroyable que cela puisse paraître, le processus qui a fait passer Brave d'une étape à une autre est identique à celui qu'a franchi Victor et que vous pourriez à votre tour suivre pour accomplir de grandes choses, des choses qui vous semblent fortement improbables aujourd'hui.

Soyez « Brave »! Faites un Victor de vous. Sortez de votre zone de confort... Agrandissez-la. Vous voulez changer, non?

Alors, pour ne plus perdre de temps dans votre statu quo... CHANGEZ!

VOUS VOULEZ CHANGER? CHANGEZ!

◆◆◆

« Il n'y a rien de permanent, sauf le changement. »

- Héraclite

Ne croyez jamais un conférencier ou un auteur qui vous promettra que sa conférence ou son livre changera votre vie.

Rien ne changera dans votre vie si vous ne le décidez pas.

Je pose régulièrement la question qui suit aux gens que je rencontre et qui me demandent mon opinion sur leur situation et je le fais également au début de mes conférences : « Êtes-vous prêt à être plus heureux, à être plus en santé, a être un meilleur conjoint, un meilleur parent, êtes-vous prêt à faire tout ce qu'il y a à faire de nécessaire pour changer, faire et réaliser ces choses? »

Les gens me répondent à 99,9 % que oui, bien évidemment, ils sont prêts.

Tout le monde est prêt à réaliser plus, à faire plus, à avoir plus et à être plus. Je ne pense pas avoir déjà rencontré quelqu'un qui m'ait dit qu'il n'était pas prêt à tout cela. Non seulement tout le monde est

prêt, tout le monde **veut**, mais tout le monde le **peut** aussi. Pensez-y comme il le faut en lisant ces lignes. Je suis convaincu que vous savez pouvoir faire plus que ce que vous faites actuellement dans votre vie, que ce soit sur le plan personnel ou professionnel. Vous pouvez tous un peu plus, non? Bien évidemment que oui. Et n'êtes-vous pas d'accord avec moi sur le fait que si vous faites ce petit effort de plus, si vous en faites juste un petit peu plus parce que vous savez pouvoir le faire, vous aurez inévitablement une vie meilleure dans tous ses aspects? Un peu plus au travail, un peu plus à la maison, un peu plus avec votre conjoint, un peu plus avec vos enfants, un peu plus avec vous-même!

Pas toujours besoin que ça soit de grands bouleversements. Souvent, le moindre changement peut avoir un impact majeur. Les détails comptent. À preuve, saviez-vous qu'un melon d'eau est constitué à 97 % d'eau et qu'un nuage de pluie l'est à 100 %? Imaginez! Les melons d'eau sont tous passés à seulement 3 % d'être des nuages de pluie!

Plus sérieusement, j'entendais dernièrement Tiger Woods expliquer à l'aide d'outils informatiques et graphiques très précis l'impact majeur que pouvait avoir sur la trajectoire d'une balle de golf le changement de 1 mm de l'angle du bâton lors de l'impact. Les détails comptent.

De petits changements peuvent avoir de grands impacts sur votre vie.

Il est donc très clair que tout le monde veut et peut réaliser plus, faire plus, avoir plus et être plus. Mais là où tout déraille, c'est quand il faut **prendre la décision de passer à l'action**. Très peu de personnes prennent cette décision irrévocable et passent à l'action. Très peu d'entre elles traversent le pont et le brûlent derrière elles en fonçant tête première. Très peu de gens sont prêts à faire tout ce qu'il y a à faire pour changer leur vie pour le meilleur. Et n'allez pas croire qu'en lisant ce livre, vous êtes en train de le faire. Vous êtes uniquement, en ce moment, en train de le vouloir davantage et de réaliser que vous le pouvez.

Mais le ferez-vous? Êtes-vous prêt à faire tout ce qu'il y a à faire pour changer votre vie pour le meilleur? Soyez honnête avec vous-même. **Signez votre nom à côté de la bonne réponse** :

Oui ____________________

Non ____________________

Date ____________________

Vous savez ce qu'il y a de plus dramatique? C'est que les gens attendent beaucoup trop souvent d'avoir le dos au mur pour enfin faire tout ce qu'ils ont à faire pour changer. Quand ils sont sans issue, qu'il ne leur reste plus ou très peu d'options, c'est là qu'ils sont prêts à passer à l'action et à tout faire pour arriver à se décoller du mur... souvent fatal.

À quel moment croyez-vous qu'un alcoolique qui prend le volant, malgré qu'il soit fortement sous l'effet de l'alcool, prendra enfin la décision de changer? Vous connaissez la réponse! Il sera alors trop tard.

À quel moment croyez-vous qu'un fumeur décidera, une fois pour toutes, de cesser de fumer? Bien évidemment à sa sortie du bureau du médecin qui viendra de l'informer qu'il a le cancer du poumon.

À quel moment cesserez-vous ou, du moins, diminuerez-vous de façon importante de consommer des aliments qui, vous le savez pourtant très bien, contribuent au blocage de vos artères? Fort probablement à la salle de réveil, avec cette douleur indescriptible au torse que votre cardiologue aura dû scier en deux pour vous sauver de l'infarctus dont vous aurez été victime.

Quand recommencerez-vous comme couple à porter attention l'un à l'autre, à être à l'écoute mutuellement, à prendre soin de vous individuellement, à vous redonner des projets communs, à vous embrasser? Bien évidemment et malheureusement trop souvent quand vous découvrirez qu'un ou l'autre est infidèle.

Dans tous ces cas, et dans bien d'autres, ce sera malheureusement trop peu trop tard. Le plus gros du mal aura été fait. Vous serez malheureux, vous aurez des regrets et des remords, mais encore une fois vous devrez prendre vos responsabilités et accepter que ce soient vos choix, souvent stupides, qui vous ont amené là : le dos au mur. (Je vous invite à retourner au chapitre « Avertissement » et à relire la citation du début!)

Vous savez que j'ai raison. Vous avez déjà été au pied de ce mur, et ce, de façon aussi dramatique que je viens de le décrire ou à des niveaux de peut-être moindre importance. J'y ai été, moi aussi, plusieurs fois. Pour diverses raisons, par ma faute, par ma très grande faute. Personne ne m'a poussé contre le mur. Dans la très grande majorité des cas, comme vous, ce sont mes choix qui m'ont collé au mur. Combien de fois je me suis demandé, et je vous le demande maintenant à vous aussi : « Pourquoi nous rendons-nous jusque-là, au pied du mur? Pourquoi attendre ce moment où il ne nous reste presque plus d'options pour, enfin, cette fois, prendre la décision de changer, à tout prix? »

Depuis que j'ai commencé ma carrière de conférencier, ce que j'entends le plus souvent de la part des gens est : « Jean, je veux changer. Je suis au bout du rouleau. Je ne veux plus vivre cette vie misérable. Cette fois, je suis prêt à faire tout ce qu'il faut pour changer! » Vous devriez voir leurs pupilles se dilater et leur regard vitreux quand je leur dis après un moment de silence bien calculé et avec mon air empathique : « Je ne te crois pas! Tes intentions ne m'impressionnent aucunement. Vraiment! Passe à l'action, prouve-le-moi et, peut-être que là, je te croirai. »

Les gens ne sont pas prêts à faire tout ce qu'il faut. Ils ne font que dire qu'ils le sont, qu'ils le feront, mais ils se limitent à vouloir et à pouvoir. On parle beaucoup. Nous sommes une société de parleurs et de voyeurs. Mais pas de faiseurs! On dit ce qu'on veut, mais « on ne fait pas ». On se satisfait de ce qu'on a, soit son confortable petit statu quo de merde!

Vous pourriez tous être plus heureux, plus riches, plus en santé, avoir une meilleure relation avec votre conjoint ou avec vos enfants.

VOUS NE LE VOULEZ JUSTE PAS ASSEZ. Vous ne voulez pas suffisamment faire tout ce que vous devez faire pour changer, pour que votre vie passe de ce qu'elle est à ce que vous rêvez qu'elle soit. Vous ne le voulez pas assez. Je me trompe? Si oui, pourquoi n'en est-il pas ainsi au moment même où vous lisez ces lignes? Si non, qu'attendez-vous? Vous perdez votre temps!

J'ai eu la chance, en juin 2014, de faire la connaissance d'un auteur et conférencier américain, de renommée mondiale, Randy Pennington, et de faire une entrevue avec lui. Bien qu'il se spécialise en développement professionnel et en efficacité en entreprise, ses principes sur le changement s'appliquent tout à fait au développement personnel.

Dans son livre *Make Change Work*, Randy nous fait part des résultats d'une recherche effectuée par John Kotter en 1995 démontrant que 70 % des efforts de changement en vue d'atteindre un objectif ne donnent pas de résultats. Du moins, pas ceux initialement escomptés.

Depuis, comme le dit Randy, il y a eu une explosion du nombre de livres, d'articles, de DVD et de séminaires sur le changement. Sur le site transactionnel de livres en ligne d'Amazon.com, il existe aujourd'hui plus de 100 000 livres dont le titre inclut le mot *change* en anglais! Cent mille livres. Et pourtant...

En 2013, dix-huit ans après l'étude effectuée par Kotter, tout indique que rien n'a changé. La majorité (jusqu'à 70 %!) des efforts de changement en vue d'atteindre un objectif ne donnent pas, encore aujourd'hui, les résultats escomptés.

Après tout ce temps, tous ces écrits, toutes ces supposées découvertes présentées comme de « miraculeux secrets », il me semble que ça aurait dû changer!

Ne regardez pas le voisin au bureau ou quelqu'un d'autre dans votre maison. Vous faites fort probablement partie de cette majorité de gens qui veulent changer, mais qui ne changent pas.

Pourtant, vous savez sûrement ce que vous avez à faire pour changer : cessez de faire ce qui est devenu urgent et faites plutôt ce qui est important.

« Le désir et l'urgence de changer reposent sur notre état d'âme et non sur notre compréhension intellectuelle. »

- Randy Pennington

Je vous laisse la relire, celle-là, et y réfléchir.

Si nous étions ensemble dans une salle de conférence, en ce moment, je vous demanderais ce qui suit :

- Levez la main si vous **savez** que, pour être en santé, vous devez manger mieux et faire de l'exercice. Vous le savez tous. Pourtant, bon nombre d'entre vous ont un excès de poids, mangent mal et ne font pas d'exercice;
- Levez la main si vous **savez** que, pour ne pas être sans le sou, vous devez dépenser moins d'argent que vous en faites. Vous le savez tous. Pourtant, l'endettement personnel des Québécois et des Canadiens ne cesse d'augmenter depuis vingt ans;

- Levez la main si vous **savez** que pour minimiser les risques d'accident sur la route, vous ne devez pas boire ou, aussi pire, texter au volant. Vous le savez tous. Pourtant, selon les données du Programme de déclaration uniforme de la criminalité (DUC), la police a déclaré 90 277 affaires de conduite avec facultés affaiblies au Canada en 2011, soit environ 3 000 de plus qu'en 2010.
- Levez la main si vous **savez** que la cigarette tue. Vous le savez tous. Pourtant, 20 500 Canadiens mourront d'un cancer du poumon en 2014, la cause première étant bien évidemment la cigarette.

Notre incapacité à changer ne repose donc pas sur notre incompréhension intellectuelle. Nous savons tous ce que nous devons faire pour être heureux, pour être plus en santé, pour avoir plus de succès. Nous savons tout cela depuis longtemps. Lâchez-moi avec ces soi-disant secrets! Le processus de changement n'est pas enclenché par ce que nous savons.

C'est notre état d'âme, nos émotions quant à une situation qui sont la principale source du changement. Et ces émotions sont générées par une des deux situations suivantes :

1. **LA CRISE,** qui engendre en nous des émotions qui nous **poussent à changer**. On n'a souvent pas le choix de changer dans ce cas.
2. **L'OPPORTUNITÉ,** qui entraîne une autre gamme d'émotions qui, elles, nous **tirent vers le changement**. Contrairement à la crise, l'opportunité donne ce choix de changer quelque chose pour en tirer avantage.

Vous savez donc intellectuellement quoi faire. Votre état d'âme vous pousse (crise) ou vous tire (opportunité) vers le changement.

Reste à, une fois pour toutes, changer! Je vais vous épargner la lecture de 100 000 livres en vous présentant les trois étapes « gros bon sens » du changement :

1. **DÉCIDEZ!** Vous et seulement vous pouvez décider de changer. On verra au prochain chapitre l'importance de déterminer pourquoi changer, mais la base est de le décider.

2. **ABANDONNEZ!** « Quoi? Un conférencier en développement personnel qui dit d'abandonner? » Eh oui! Cessez d'être stupide en répétant ce que vous faites depuis des années qui ne fonctionne pas. Qui ne vous fait pas changer. Qui vous maintient dans le statu quo. Faites de la place. Commencez par vous débarrasser de la merde que vous traînez depuis des années.

3. **CHANGEZ!** Ne faites pas seulement y penser. Faites. N'importe quoi, mais faites! N'attendez pas d'être parfait. Commencez maintenant et vous vous perfectionnerez plus tard. Même si vos actions ne semblent pas toujours en relation avec ce que vous voulez changer précisément, faites! Changez la disposition de vos meubles de salon, changez le côté où vous couchez dans votre lit, prenez un autre chemin vers le bureau, portez les 90 % des vêtements que vous ne portez jamais, peu importe. Créez le momentum, soyez attentif et graduellement changez les choses plus importantes.

Simple, non? Commencez par ça et si ça ne fonctionne pas, vous irez lire les 100 000 livres sur le sujet.

Notre plus grand dilemme avec le changement est que nous le haïssons autant que nous l'aimons. En fait, nous voulons que tout demeure pareil... mais devienne meilleur!

Le pourquoi nous voulons changer constitue l'antidote à ce dilemme.

POURQUOI LE POURQUOI?

◆◆◆

J'ai pas de temps à perdre, vous non plus, mais là, prenez le temps, le temps de déterminer, probablement pour la première fois de votre vie, votre pourquoi.

Nous venons de le voir, la première étape du changement est de prendre la décision de changer. Ne laissez rien ni personne vous interrompre dans ce processus.

C'est la base : décidez!

Là où les gens font une énorme erreur, c'est qu'après avoir pris la décision de changer, ils commencent à se demander COMMENT ils vont y arriver, comment ils vont concrétiser cette décision.

Ne vous laissez pas prendre dans ce piège.

Quand j'ai pris la décision en octobre 2006 de devenir conférencier et auteur, j'étais *confortablement* installé aux commandes d'une entreprise en gestion de congrès et d'événements spéciaux qui remplissait très bien mes journées et mon compte de banque.

La seule chose que je connaissais (ou, du moins, que je croyais connaître!) du métier de conférencier était qu'il se passait sur une scène devant un tas de gens qui disent vouloir changer leur vie et qu'il ne s'agissait que de leur dire ce qu'ils voulaient entendre pour les motiver.

J'avais donc une perception du comment, mais jamais je ne m'étais arrêté à me poser plus de questions, jusqu'au jour où mon ami, Yves Groleau, lui-même conférencier, auteur et *coach*, me lança la question qui tue, le premier coup de pied que je recevais de l'industrie : « Pourquoi veux-tu être conférencier, Jean? »

Le POURQUOI est de loin plus important que le COMMENT.

Vous pouvez aller sur Google et y trouver comment faire n'importe quoi :

- Comment faire des sushis;
- Comment détacher un soutien-gorge;
- Comment devenir embaumeur;
- Comment couper votre gazon;
- etc.

Le comment, c'est facile.

Le pourquoi, c'est difficile.

Yves pouvait me dire comment, je peux vous dire comment, tout le monde peut vous dire comment. Mais le POURQUOI doit indéniablement venir de vous. C'est votre pourquoi qui vous motivera (la motivation aussi vient de vous, surtout pas d'un motivateur!) et vous maintiendra sur le bout de votre chaise.

Il y a autant de façons de faire les choses qu'il y a de gens pour les faire. Mais il n'y a qu'une raison pour laquelle VOUS les ferez et c'est pour répondre à VOTRE pourquoi.

C'est votre pourquoi qui déterminera votre personnalité, votre originalité, votre unicité.

Simon Sinek : mentor du pourquoi

Comprenant l'importance de définir mon pourquoi, et voulant répondre à mon ami Yves, je me suis mis à faire des recherches. La meilleure compréhension que j'ai eue de ce concept m'est venue de la lecture du livre *Start with Why* et de plusieurs articles écrits par Simon Sinek. J'ai aussi eu l'occasion de visionner plusieurs de ses conférences sur le Web.

Pertinent, percutant et d'une logique déconcertante. Mon genre!

En étudiant les *leaders* ayant eu le plus d'impact et d'influence dans le monde, Sinek a découvert que ceux-ci pensent, agissent et communiquent tous de la même façon. Il a schématisé sa théorie dans ce qu'il appelle « Le cercle doré ». Une théorie sur laquelle les organisations peuvent construire, les mouvements peuvent se créer et influencer et dont nous pouvons tous nous inspirer.

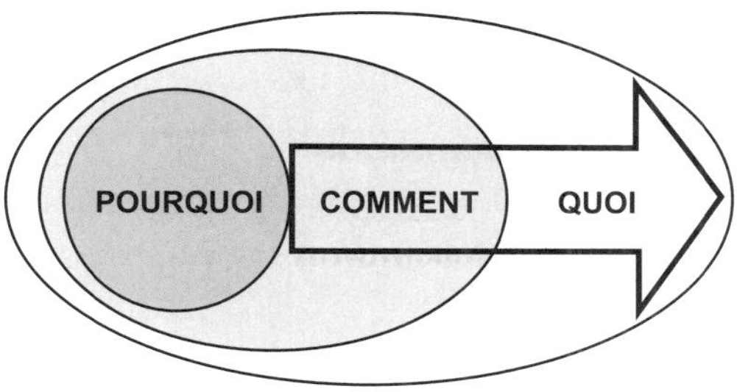

Tant les individus que les organisations qui ont compris l'importance de déterminer avant tout leur pourquoi se démarquent par leur façon de penser, d'agir et de communiquer. La définition de leur pourquoi les rend uniques et son exploitation leur permet d'inspirer ceux qui les entourent comme rien d'autre.

Apple est l'exemple le plus classique de cette philosophie du « pourquoi avant tout ». Avec seulement 6 % des parts du marché aux États-Unis et environ 3 % à travers le monde, Apple est loin d'être le *leader* des manufacturiers d'ordinateurs personnels. Les *leaders* sont Acer, HP, Dell, Lenovo et Toshiba. Apple est pourtant « perçu » comme LE *leader* de l'industrie.

Sur le plan moins *business*, Martin Luther King n'était pas le seul à revendiquer les droits civiques des personnes de couleur au milieu des années 1900. Il fut par contre celui dont on se souvient le plus.

Apple, Martin Luther King, Bombardier, Desjardins, Le Cirque du Soleil, René Lévesque, Cora ont tous défié la norme du comment en définissant avant tout leur pourquoi. Ils font partie de ces *leaders* qui nous inspirent à penser (pourquoi) avant de passer à l'action (comment).

Revenons un instant à ce jour où j'ai décidé de devenir conférencier. Les gens qui me connaissaient me disaient tous : « Ben oui! C'est évident, t'as tout pour réussir : ta prestance, ta voix, ton sourire, ton humour. Ça va marcher, ton affaire! »

Dans ma tête, malgré la gentillesse de leurs propos, je me disais : « Ben voyons! Supposons que j'aie tous ces qualificatifs, si je n'ai rien à dire sur scène, si mon discours n'est pas unique et sonne comme celui de tous les autres, si mes opinions sont absurdes, vous croyez vraiment que mes cheveux gris et ma voix vont assurer le succès de ma carrière? »

(Le temps et la connaissance de l'industrie m'ont démontré que c'était possible d'y faire carrière avec comme seul attribut une belle et bonne présence sur scène. Mais bon, je ne voulais personnellement pas courir ce risque!)

J'avais déjà une idée du comment : un style direct, sans détour, audacieux et peut-être même des fois choquant. Mais grâce à mon ami Yves, j'ai reconnu l'importance de définir d'abord mon pourquoi avant de développer davantage ces idées préliminaires du comment.

Pour moi et pour le public devant lequel j'allais me produire, je me devais d'en arriver à un pourquoi clair et limpide, sans équivoque. Un pourquoi pour lequel je serais fier de porter mes culottes et de me tenir debout. Un pourquoi qui ne manipulerait pas, qui ne jouerait pas avec les mots, qui dirait la vérité telle que je la vois et qui irait au-delà de l'inspiration et de la motivation bonbon. Un pourquoi qui défierait le statu quo et redonnerait le pouvoir aux gens afin qu'ils posent les gestes qui les feraient passer de la vie qu'ils ont actuellement à la vie dont ils rêvent.

Mon pourquoi

Me lever tous les matins avec comme objectif de rendre les gens *inconfortables* avec la vie qu'ils ont, de les faire réagir, réfléchir et agir autrement, de les encourager à prendre la décision irrévocable de changer et d'une fois pour toutes, tout faire pour se rapprocher de leur vie de rêve.

Jour après jour, je tente de *faire vivre* mon pourquoi à travers mes pensées, mes paroles et mes actions, espérant être contagieux!

Définir clairement votre pourquoi établira votre point d'ancrage et créera un *momentum* qui vous aidera à concrétiser vos idées et vos rêves, tant personnellement que professionnellement.

Votre pourquoi définit votre raison d'être, votre mission, votre cause.

Le tout repose sur vos croyances. Pourquoi votre projet, personnel ou professionnel, a-t-il pris naissance dans votre tête? Pourquoi devriez-vous vous lever tous les matins pour le concrétiser? Pourquoi les gens devraient-ils s'y intéresser?

La très grande majorité des gens empruntent depuis toujours le chemin suivant : ils déterminent le quoi, puis le comment et, des fois (!), le pourquoi. Les grands *leaders* de ce monde, tant sur le plan personnel (Luther King) que professionnel (Apple), ont tous agi et communiqué dans le sens contraire, c'est-à-dire le pourquoi en premier, suivi du comment et enfin du quoi.

Si Apple avait suivi le chemin le plus fréquenté du quoi, comment et pourquoi, son message publicitaire aurait ressemblé à ceci : « Nous fabriquons d'excellents ordinateurs (quoi). Ils sont très beaux, faciles à utiliser et efficaces (comment). Vous voulez en acheter un (pourquoi)? »

Apple a plutôt décidé de suivre le chemin inverse du pourquoi, comment et quoi :

POURQUOI : Tout ce que nous faisons, nous le faisons pour mettre au défi le statu quo. Nous vous invitons à penser différemment.

COMMENT : Notre façon à nous de briser le statu quo est de vous offrir un beau produit, simple d'utilisation et efficace.

QUOI : Voici notre ordinateur.

« Qu'il s'agisse d'un projet personnel ou professionnel, les gens n'achètent pas ce que nous faisons, ils achètent le pourquoi nous le faisons. »

- Simon Sinek

Vous l'avez prise en note, celle-là? Je vous invite à la relire : « Qu'il s'agisse d'un projet personnel ou professionnel, les gens n'achètent pas ce que nous faisons, ils achètent le pourquoi nous le faisons. »

N'avez-vous pas souvent, très souvent, entendu dans le domaine du développement personnel le genre de promotion suivante?

QUOI : J'ai une nouvelle conférence à vous présenter. Elle s'intitule « Les secrets cachés du bonheur ».

COMMENT : Je vous invite à y assister, mercredi le 13 mai prochain, à la salle Pierre Tremblay dans une nouvelle formule spectacle-conférence.

POURQUOI : Vous désirez vous inscrire? Rendez-vous au www...

Je propose plutôt ce qui suit :

POURQUOI : Comme moi, vous en avez assez des formules remâchées présentées depuis des années au travers de lunettes roses? Vous en avez assez du statu quo de cette vie qui ne ressemble en rien à votre vie de rêve? Vous réunir, vous prendre par la main, faire brûler des chandelles et de l'encens en chantant ensemble Hakuna Matata n'engendrent pas les résultats qui vous rapprochent de votre vie de rêve?

COMMENT : Je serai direct avec vous. Franc. Sincère. J'irai droit au but et ne mettrai pas de gants blancs. Je vous dirai la vérité comme je la vois. Je vous rendrai inconfortable quant à où vous êtes dans votre vie, à un point tel que vous ferez tout pour vous retrouver ailleurs.

QUOI : Ma conférence « J'ai pas de temps à perdre... et vous? » est présentée le mercredi 13 mai prochain à la salle Pierre Tremblay. Inscrivez-vous au www...

Définir votre pourquoi vous démarquera. Créera un impact unique. Il y aura « quelque chose » à propos de vous, « quelque chose » de plus, « quelque chose » de difficile à décrire et impossible à reproduire.

Je le répète (c'est tellement important!), les gens n'achèteront pas ce que vous faites, ils achèteront le pourquoi vous le faites.

Votre pourquoi donnera vie à votre cause à travers votre personnalité, vos produits, vos services et, dans mon cas, à travers mon message.

Qui que vous soyez, peu importe la couleur de votre peau, votre statut social, vos croyances religieuses, votre profession, peu importe l'ampleur de votre organisation ou de l'industrie dans laquelle vous « œuvrez », peu importe votre produit ou votre service, si nous prenons tous cette responsabilité de commencer avec l'identification de notre pourquoi, nous inspirerons les autres à faire de même et peut-être aurons-nous un certain impact dans ce monde. Ça, moi, je trouve ça très inspirant!

Je vous suggère avant de continuer la lecture de faire l'exercice suivant. Ne soyez pas stupide! Vous vous êtes rendu plus loin que la majorité dans la lecture de ce livre. Ne commencez pas maintenant à tendre vers les 99 % qui n'en feront rien. Prenez le temps. Pas pour moi, POUR VOUS!

1. Définissez clairement où vous en êtes dans votre vie :

   ____

   ____

   ____

2. Définissez clairement où vous voudriez être dans votre vie :

   ____

   ____

   ____

3. Déterminez clairement POURQUOI c'est important pour vous :

   ____

   ____

   ____

4. Établissez vos priorités :

____

____

____

Passez maintenant à l'action quant à votre pourquoi :

1. **Décidez** de faire tout ce que vous devez faire pour être et demeurer fidèle à votre pourquoi.
2. **Abandonnez** ce que vous savez faire qui va ou qui pourrait aller à l'encontre de votre pourquoi.
3. **Changez** pour vous rapprocher de votre pourquoi.

SOYEZ L'ARCHITECTE ET LE BÂTISSEUR DE VOTRE VIE

◆◆◆

Au risque de rappeler de mauvais souvenirs à ma tante Rose, je le répète, encore une fois, vous êtes responsable de tout ce que vous avez vécu, de tout ce que vous vivez et de tout ce que vous vivrez dans votre vie. Non seulement par vos **pensées** et vos **paroles**, comme le prêche miraculeusement *Le secret* et ses disciples, mais aussi, et SURTOUT, par vos ACTIONS. Pas celles des autres, pas celles du gouvernement, pas celles de votre soi-disant destin. Votre vie est « de votre faute »!

Voilà donc les trois éléments clés qui, à coup sûr, vous éloignent ou vous rapprochent de votre vie de rêve. Vos **pensées**, vos **paroles** et vos **actions** représentent, ensemble, la source créatrice de votre vie et la bonne nouvelle est que **vous en êtes maître**.

Vous et seulement vous êtes l'architecte et le bâtisseur de votre vie.

Peut-être êtes-vous déjà un architecte et un bâtisseur comblé? Peut-être avez-vous déjà atteint le bonheur suprême? Si vous êtes parfaitement en santé, si vos relations sont basées sur le respect, la confiance et l'amour, si vous êtes la personne que vous voulez être exactement aujourd'hui, j'en doute, mais si c'est ce que vous présumez, ne perdez pas de temps à lire ce chapitre.

Si, par contre, vous êtes lucide et cherchez une vie plus épanouie, une liberté accrue, si vous voulez passer à un autre niveau en repoussant vos barrières, alors je vous invite à poursuivre.

Comme un architecte, vous devez inévitablement vous faire un plan. Arrêtez-vous un instant et pensez à toutes ces réalisations que vous avez faites sans aucun plan. Aviez-vous vraiment projeté d'avoir un excès de poids, d'être endetté, de ne pas être en mesure d'avoir et de maintenir des relations stables, de ne pas garder un travail plus de trois ou quatre ans, d'avoir si peu de communication avec vos enfants, de passer la plus grande partie de vos temps libres écrasé sur votre divan à regarder les autres vivre à la télé? Aviez-vous envisagé de faire autant de gestes stupides dans votre vie? Pourtant, vous avez tristement, mais quand même réalisé tout ça!

Alors, imaginez maintenant si vous vous faisiez un plan pour plutôt réaliser de belles et grandes choses. Si vous projetiez de faire tout ce que ceux qui ne sont pas en train de lire ce chapitre ont « présumément » réussi : atteindre le bonheur suprême, être en parfaite santé, vivre des relations basées sur le respect, la confiance et l'amour. Bref, être la personne que vous avez toujours rêvé d'être. Vous vous rendez compte de l'impact que cela pourrait avoir sur votre vie actuelle et sur celle de ceux qui vous entourent?

Vouloir, pouvoir, faire

Supposons qu'avec ces quelques premières lignes j'aie réussi à vous convaincre de planifier votre vie, comme vous le faites avec grand succès, tous les 31 décembre, à minuit. *Ben oui!*

Vous savez que vous voulez plus. Je ne vous donnerai pas une médaille pour ça, tout le monde veut plus.

Vous savez également que vous pouvez plus. Tout le monde peut plus. Encore là, pas de place pour vous sur le podium, il y a déjà foule. Des architectes de vie, avec ou sans plan, il y en a à la tonne. Ils veulent plus, peuvent plus, mais très peu se rendent jusqu'à être bâtisseurs. Ils ne FONT PAS!

Persistant à croire que mes propos rejoignent 90 % d'entre vous, 90 % du temps, dans 90 % des cas, j'ai le plaisir de vous annoncer que, sauf exception, vous n'êtes pas un bâtisseur et je vous en remercie. Sans vous, je serais sans travail!

Mais pourquoi donc n'êtes-vous pas un bâtisseur? Pourquoi donc ne passez-vous que très rarement à cette étape ultime du faire, du passage à l'action?

En août 2014, à New York, j'ai eu l'extrême privilège de rencontrer un de mes mentors, Larry Winget, en compagnie d'une autre conférencière du type « coups de pied au derrière », Suzanne Evans. J'avais identifié des questions précises que je voulais leur poser et une de celles-ci avait justement trait à cette *inaction chronique* des gens. Pourquoi donc si peu de gens passent à l'action? Je croyais pour ma part que la paresse expliquait tout. Je les ai laissés me répondre. Ils s'entendaient sur deux autres raisons. Cœurs sensibles, enfermez-vous immédiatement dans une salle aux murs capitonnés, ça va frapper fort. Je suis convaincu que vous vous reconnaîtrez – si vous êtes honnête avec vous-même – dans une des trois raisons suivantes expliquant pourquoi vous n'êtes pas bâtisseur de votre vie.

Vous n'êtes pas bâtisseur de votre vie parce que vous êtes en effet très souvent paresseux. Ça vous écorche? Attendez de lire les deux prochaines raisons. Ma tante Rose m'a fait part un jour d'une citation qu'elle avait entendue lors d'une conférence : « La connaissance est le pouvoir. » Que cette citation ait été pensée et dite par Socrate, ou Confucius, ou Patof, le clown, elle est absurde. Ce n'est pas la connaissance qui est le pouvoir, c'est ce qu'on en fait qui est le pouvoir. Si, savamment bourré de toutes vos sages connaissances, vous passez vos soirées écrasé sur votre divan, si vous n'arrivez pas à vous extirper de votre lit avant le milieu de l'avant-midi, tous les jours, si vous ne profitez pas de vos temps libres pour activer votre esprit et votre corps, si vous ne faites pas au minimum un geste par jour qui vous rapprochera d'un de vos rêves, vous êtes paresseux. LEVEZ-VOUS LE DERRIÈRE, ÉPOUSSETEZ-VOUS LE FOND DE CULOTTE ET FAITES QUELQUE CHOSE DE VOS JOURNÉES, DE VOTRE VIE!

Vous n'êtes pas bâtisseur de votre vie parce que vous êtes probablement aussi stupide. Oh! que ma maman n'aime pas ça quand je dis ça! Pourtant, elle, qui m'aime inconditionnellement, est la mieux placée pour savoir à quel point j'ai été stupide moi-même dans ma vie. C'est pourquoi je ne me sens aucunement mal à l'aise de vous dire que vous l'avez été, que vous l'êtes encore aujourd'hui et que vous le serez encore demain. VOUS avez créé la merde (ou le bonheur) de votre vie actuelle. Vous voulez, vous pouvez, mais vous ne faites pas, très souvent par pure stupidité. Être ignorant, c'est ne rien savoir. Très peu de gens sont ignorants. Être stupide, c'est savoir quoi faire et ne pas le faire. Être stupide est de l'autosabotage. Et des gens stupides, il y en a à la tonne. Regardez autour de vous. Si vous êtes honnête avec vous-même, courez vous installer devant le miroir. Bon, de toute évidence, je peux vous pardonner – un peu! – votre stupidité. J'ai moi-même été stupide et le suis encore parfois (OK, souvent!). Cela ne veut par contre pas dire que nous devons être assez stupides, vous comme moi, pour persévérer en ce sens!

Ou encore et pire, vous n'êtes pas bâtisseur de votre vie parce que vous n'en avez rien à cirer de réaliser plus, de faire plus, d'avoir plus et d'être plus. Là, ça va au-delà d'être paresseux ou stupide. C'est, à mes yeux, inacceptable. Si tel est votre cas, un, vous ne l'admettrez jamais, et deux, vous n'êtes rien de plus qu'une larve, et je n'ai aucun respect pour les larves!

L'homme est la seule espèce vivante sur terre qui se contente de ce qu'il a! Nous choisissons de faire moins que ce que nous pourrions faire, d'avoir moins que ce que nous pourrions avoir et d'être moins que ce que nous pourrions être.

Avez-vous déjà vu une carotte qui, rendue à 2 cm dans le sol, se dit : « Bof, c'est assez pour moi, je vais m'arrêter là! » Ne venez surtout pas me faire la morale éducatrice à savoir que les carottes ne parlent pas. Ne soyez pas idiot et comprenez l'analogie!

Avez-vous déjà vu un tigre arrêter de chasser après avoir mangé une proie?

Avez-vous déjà vu une rivière qui se déverse dans un lac se dire : « Bon, je vais fermer les valves aujourd'hui, le lac est assez plein comme cela. »

Non! Pour toutes les espèces vivantes, il n'y a pas de limites. Elles ne cessent de grandir, de faire, d'accomplir. « Batinse », même les larves ne s'arrêtent ni ne se limitent à être des larves!

Et vous, vous vous contentez de cette vie qui n'a rien à voir avec votre vie de rêve. Pire, pire, PIRE! Si vous êtes père ou mère de famille, comment pouvez-vous vivre avec ce manque total de responsabilité envers vos enfants? Comment, devant eux, pouvez-vous décider de cesser de réaliser plus, de faire plus, d'avoir plus et d'être plus? Ceux-ci vous regardent! Vous êtes leur modèle! Ils vous imitent! Être parent est à la fois un privilège et une responsabilité. Si vous n'êtes pas prêt à accepter cette responsabilité et à montrer l'exemple, vous ne méritez pas ce privilège d'être parent.

Cette vie vous a été donnée. Donnée! Comment ne pas tout faire pour la rendre meilleure? Le Vatican ne m'aimera pas sur ce point, mais se foutre totalement d'avoir une vie meilleure et plus épanouie remet même en question, à mes yeux, ce privilège d'avoir reçu celle-ci.

Soyez moins paresseux : ne vous limitez pas à savoir et faites-en quelque chose.

Soyez moins stupide : faites ce que vous savez que vous devez faire.

Soyez respectueux de cette vie qui vous a été donnée et ne vous limitez pas à ce que vous êtes actuellement.

La réalité est que vous êtes où vous en êtes dans votre vie par votre faute. La mauvaise nouvelle est que c'est une série de décisions et d'agissements stupides qui vous y ont mené. Cessez de vous lamenter à droite et à gauche. Les gens se foutent de vos problèmes. Ce sont les vôtres, pas les leurs. Acceptez-en la responsabilité, identifiez ce que vous devez faire ou ne pas faire pour éviter que ça se reproduise et passez à autre chose. Maintenant, la bonne nouvelle est que vous êtes aussi la solution au réveil et à l'épanouissement de votre vie pour les années qui vous restent à vivre.

Comment y arriver? En devenant l'architecte **et** le bâtisseur de votre vie.

La toute première chose qu'un architecte doit savoir, c'est ce qu'il a à construire. Une maison, un bâtiment commercial, un cabanon, une niche, une cabane à moineaux, etc.

Vous n'obtiendrez jamais ce que vous voulez si vous ne savez pas ce que vous voulez. (J'espère tellement qu'aucun d'entre vous n'a surligné cette dernière phrase avec un marqueur! C'est tellement la base. Si celle-ci vous apparaît comme une grande nouveauté, où étiez-vous pendant toutes ces années?)

Voici un moment où vous pouvez et devez faire preuve d'égoïsme. Pensez à vous. Maintenant. C'est votre vie. Que voulez-vous? Ce sont vos objectifs et vos besoins. Si vous ne vous présentez pas au buffet de la vie en premier pour aller chercher ce que vous voulez, si vous attendez que tous les autres passent et se servent avant vous, vous vous ramasserez avec les restants. La moyenne des gens se contente malheureusement des restants. Ne faites pas partie de la moyenne. Ne soyez pas ordinaire. Soyez égoïste, passez au buffet en premier et créez-vous une vie extraordinaire.

Il existe une foule d'exercices pouvant vous guider et vous aider à être l'architecte et le bâtisseur de votre vie. Je vous en propose un. Il est inspiré de diverses lectures et conférences dont celles de deux de mes principaux mentors, Larry Winget et Rowdy McLean. Ce sont des outils que j'ai moi-même utilisés et qui, j'en ai la conviction, pourront aussi vous être utiles si vous faites ce que la plupart d'entre vous ne feront pas (c'est triste, mais c'est ça!), c'est-à-dire vous mettre en action et FAIRE les exercices proposés.

« Vous ne pouvez dépendre de votre vision quand votre imagination n'arrive pas à focusser. »

- Marc Twain

Vous avez déjà utilisé Google Earth? C'est une extraordinaire application de Google qui, au début, nous montre une illustration de la Terre vue de l'espace. Dans la case prévue à cet effet, on inscrit l'endroit auquel on veut que l'application nous « amène ». Ça peut être un continent, un pays, une province, une ville, une rue et même une adresse précise. Dès la commande lancée, Google fait un zoom visuel rapide et précis qui nous « amène » exactement à l'endroit demandé. C'est un peu ce que je vous propose comme processus. Vous partirez de très, très haut pour devenir de plus en plus précis. Un exercice qui ultimement pourrait vous faire réaliser quatre de vos rêves dès cette année, vingt d'ici cinq ans! Je vous laisse faire le calcul, selon votre âge actuel, jusqu'à la fin de vos jours!

Vision de très, très haut

Je vous invite dans un premier temps à rêver gros, TRÈS GROS! Sur une page (500 mots au maximum), faites le portrait de votre vie parfaite. Votre *bucket list*, ce que vous voulez accomplir, faire, être, avoir avant votre mort. Faites le tour de toutes les sphères de votre vie. Voici, pour vous aider, quelques questions que vous pourriez vous poser afin de rédiger ce texte.

Quels sont vos objectifs et vos rêves sur le plan de votre **carrière?**

- Où travaillez-vous?
- Que faites-vous?
- Quels sont vos objectifs à court, moyen, long terme?
- Avez-vous le soutien désiré?
- Êtes-vous en harmonie avec vos collaborateurs?

Quels sont vos objectifs et vos rêves sur le plan des **finances** et des **avoirs?**

- Quel est votre revenu annuel?
- Quelles sont vos sources de revenus?
- Quels sont vos investissements?
- À quoi ressemble votre maison de rêve?
- Quelle est votre voiture de rêve?
- Combien de voyages faites-vous par année?

Quels sont vos objectifs et vos rêves sur le plan **familial** et **amical?**

- Qui fréquentez-vous?
- Qui sont vos « bases amicales »?
- Qui a la note de 8/10... ou plus?
- Qui alimente votre vie?
- Qui l'empoisonne?
- Quelles sont vos activités avec vos amis?

Quels sont vos objectifs et vos rêves sur le plan **personnel?**

- Quelle formation désirez-vous obtenir?
- Avec qui avez-vous des échanges dynamisants, « ressourçants »?
- Vous accordez-vous des moments d'entraînement physique et mental?
- Quels sont vos projets de vacances, de voyages, de retraite?
- À combien de conférences de Jean Nadeau aurez-vous la chance d'assister(!)?

Quels sont vos objectifs et vos rêves sur le plan de votre **vie affective?**

- Quel est le portrait de votre amour de vie?
- Quelles sont les trois principales qualités de votre amour?
- Quelles sont les bases de votre relation?
- Quels sont vos projets familiaux avec votre amour?
- Que ferez-vous ensemble à soixante-dix ans?
- Vous avez ou aurez des enfants?

Allez, maintenant, visualisez et décrivez votre vie de rêve :

Zoomons un peu

Et puis, cette vie de rêve diffère-t-elle de votre vie actuelle? Zoomons un peu. Posez-vous maintenant la question à savoir ce que vous faites pour vous rapprocher de cette vie de rêve. Quelles sont les actions (15) que vous faites en ce sens actuellement?

1. ______________________________
2. ______________________________
3. ______________________________
4. ______________________________
5. ______________________________
6. ______________________________
7. ______________________________
8. ______________________________
9. ______________________________
10. ______________________________
11. ______________________________
12. ______________________________
13. ______________________________
14. ______________________________
15. ______________________________

Pas facile, hein? Restons au même niveau, pas de zoom, cette fois. Je vais par contre vous demander d'enlever vos lunettes roses et, si vous ne l'êtes pas avec moi, je vais vous demander d'être au moins honnête avec vous-même! La liste que vous venez d'écrire, c'est ce que vous **dites** que vous faites. Et sans même avoir vu votre liste, je suis convaincu que la très grande majorité d'entre vous ne se sont pas rendus à 15. Vrai ou faux?

Je vais vous donner une deuxième chance.

Soyez honnête avec vous cette fois. **Réduisez à cinq les actions que vous faites VRAIMENT**, de façon rigoureuse, pour vous rapprocher de votre vie de rêve.

Bonus

Au moment d'écrire ces lignes, je suis sur le bord de l'eau, dans un environnement extraordinaire et je me sens généreux. Je vous donne donc en prime la première réponse à cette nouvelle liste :

1. *Je suis en train de lire ce livre et de faire le portrait de ma vie de rêve;*
2. ______________________________
3. ______________________________
4. ______________________________
5. ______________________________

BOUM! Vous réalisez ce qui vient de se passer? Je vous laisse quelques secondes pour y penser.

Indice : Quelle différence y a-t-il entre les deux listes?

Dix actions que vous disiez initialement faire pour vous rapprocher de votre vie de rêve ont été mises de côté! Pourquoi? Parce que ces dix autres supposées actions n'étaient que des *essais*.

Essayer! Je l'ai dit plus tôt, c'est l'un des mots que je déteste le plus.

Faites un test avec moi immédiatement : essayez de toucher à votre nombril. Allez, allez, j'ai pas de temps à perdre!

Bon, je suis convaincu que 100 % d'entre vous l'ont fait. Vous n'avez pas essayé. Vous l'avez fait!

« N'essaie pas! Fais ou ne fais pas. »

- Yoda

À part peut-être dans un mode d'apprentissage, comme avec nos enfants, le mot *essayer* fait à mes yeux partie du langage des faibles. Dire « je vais essayer », c'est se positionner en perdant, en se donnant une raison pour expliquer qu'on ne fera pas ou qu'on ne réussira pas.

Les dix actions que vous avez mises de côté, vous ne faisiez (présumément!) qu'essayer de les faire. Souhaitons que les cinq que vous avez conservées, VOUS LES FEREZ. Souhaitons que cette vie de rêve que vous avez décrite, vous la vouliez suffisamment pour vous mettre (enfin!) en action.

Sans oublier l'exercice que vous venez de faire, je vous propose maintenant de penser à plus court terme et de vous rapprocher de l'action.

Je le répète, encore et encore, tout le monde peut réaliser plus, faire plus, avoir plus et être plus. Le problème se situe sur le plan du FAIRE! Une étude américaine démontre que, lorsqu'on demande aux gens quelle est la **principale barrière** qu'ils rencontrent dans l'épanouissement de leur vie personnelle et professionnelle, **93 % d'entre eux** répondent : **« Moi! »**

Les gens (vous!) veulent et peuvent, mais se contentent du statu quo de leur vie actuelle. Ils ne sont pas prêts à passer à l'action et à **faire tout ce qu'ils doivent faire** pour réaliser, enfin, leurs objectifs personnels et professionnels.

Tous les conférenciers et auteurs en développement personnel s'entendent sur une chose : l'importance de **définir** (et d'écrire) **nos objectifs**. J'y crois aussi, bien évidemment, mais j'aimerais vous amener à un autre niveau. Je ne vous demanderai pas de simplement définir et d'écrire vos objectifs, mais plutôt de vous transformer à votre tour en distributeur de coups de pied et de littéralement botter le derrière de vos objectifs pour les mettre en action.

Vous allez définir vos objectifs en les écrivant, mais, surtout, **en créant** et **en liant une série d'actions** qui les feront, enfin, passer des vœux à la réalité. La principale raison pour laquelle les gens n'accomplissent pas plus, ne font pas plus, n'ont pas plus et ne sont pas plus n'est pas qu'ils ne se fixent pas d'objectifs, mais qu'ils **n'agissent pas sur ces objectifs**.

Pour enfin donner vie à vos objectifs, on va leur donner un bon coup de pied au derrière en créant un document sur lequel reposera VOTRE ENGAGEMENT une fois pour toutes.

Voyons de quelle façon vous pouvez préciser encore davantage vos objectifs et vos actions. Zoomez un grand coup en vous rapprochant de vos rêves et objectifs pour les **cinq prochaines années**.

OÙ EN SEREZ-VOUS DANS 5 ans?

- Où vivrez-vous?
- Quel travail ferez-vous?
- Comment sera votre santé?
- Comment seront vos relations avec votre famille, vos amis, vos collègues?
- Quel sera l'état de vos finances?
- Qu'est-ce qui vous rendra heureux?

J'ai créé et produit à quelques reprises un événement au cours duquel les gens se présentaient, jouant leur propre rôle cinq années plus tard et venant déclarer aux autres un rêve qu'ils avaient accompli au cours des cinq dernières années (fictives). Le *momentum* et l'émotion créés lors de cette soirée fictive ont propulsé des dizaines de personnes dans l'action.

Voici le témoignage d'une amie qui avait assisté à la toute première de ces soirées le 11 novembre 2011 (11-11-11) :

« À douze ans, j'ai été frappée par une voiture et ai subi un traumatisme crânien. Certes, mon handicap me limite à réaliser certains de mes rêves, mais celui de participer aux Jeux paralympiques en cyclisme était un rêve que je n'aurais jamais cru réalisable.

» J'ai eu la chance de rencontrer le conférencier générateur d'actions, Jean Nadeau. J'ai d'abord assisté à sa conférence "Pensez à l'action". Un premier *boost*! Quelques mois plus tard, j'ai entendu parler d'un autre événement produit par monsieur Nadeau, "*Où en serez-vous dans 5 ans*". J'ai tout de suite été séduite par le concept et j'ai décidé d'y participer.

» En préparation à l'événement, monsieur Nadeau nous demandait de tout mettre en œuvre pour "faire comme si" nous avions accompli un de nos rêves les plus fous et de le partager avec les autres participants à la soirée. J'ai joué le jeu. Je me suis présentée à la soirée du 11-11-11 avec mon *kit* de cycliste, médaille d'or au cou et, SURTOUT, avec la joie et la fierté de la championne paralympique que cette soirée faisait de moi, fictivement, pour le moment!

» L'émotion fut telle, ce soir-là, que j'ai trouvé la force et le courage de passer à l'action, dès le lendemain, pour réaliser mon rêve : j'ai pris contact avec le *coach* de l'équipe nationale de paracyclisme, j'ai suivi l'entraînement, participé à des courses et à des championnats, connu de beaux succès, si bien qu'ils m'ont permis de me qualifier pour les Jeux paralympiques de Londres!

» Je n'ai, certes, pas été responsable de l'accident qui m'a rendue handicapée. J'ai, par contre, depuis, eu à vivre avec la responsabilité quotidienne de ma façon de réagir à cet événement qui a changé ma vie.

» Voilà ce qui constitue un des principaux messages de monsieur Nadeau. Je l'en remercie profondément! »

On ne refuse jamais des remerciements. J'ai accepté les remerciements de mon amie, mais je l'ai regardée dans les yeux et lui ai dit : « Je t'ai juste donné l'occasion de vivre l'émotion d'avoir un jardin. Tu as choisi l'endroit. Tu y as planté les graines. Tu l'as entretenu. Tu as fait face aux tempêtes. Tu as cueilli les légumes. »

Visualiser l'accomplissement de nos rêves et, surtout, arriver à ressentir l'émotion espérée sont d'une force extraordinaire. Mais encore faut-il bien connaître nos rêves, bien les décrire, les voir et en **planifier la réalisation** dans leurs moindres détails. Sinon, **sans plan d'action** pour les concrétiser, nos rêves ne seront que des **mirages**.

90 JOURS

Peut-être que rêver à long terme ou planifier les cinq prochaines années vous semble inaccessible. Alors, zoomons encore et ramenons l'exercice à 90 jours.

Cet exercice est inspiré d'un programme mis en place par Rowdy McLean avec qui j'ai eu la chance d'échanger en vue de l'écriture de ce chapitre. Rowdy, un Australien de souche, est un pragmatique terre à terre comme je les aime. Sa mission me rejoint : pousser les gens à jouer gros!

Pourquoi 90 jours? Premièrement, pour conserver la force du *momentum* sur une certaine période et, deuxièmement, pour que, en faisant l'exercice sur une plus courte période, vos objectifs ne se diluent pas dans votre train-train quotidien. La bonne nouvelle de ce système basé sur 90 jours est qu'à partir du moment où vous serez habitué à réaliser vos objectifs à l'intérieur de cette période, vous pourrez facilement répéter le processus pour 90 autres jours. En un an, vous aurez 4 périodes de 90 jours pour exécuter vos plus importants objectifs et vivre vos rêves. Arrêtez-vous un instant, maintenant, et pensez-y : dans un an, vous pourriez avoir accompli quatre de vos plus importants objectifs! Imaginez dans cinq ans!

Mais tout cela ne tombera pas miraculeusement du ciel. Nous ne nous assoirons pas tous les deux, main dans la main, avec une petite chandelle qui brûle, une douce musique par-dessus laquelle nous chanterons ensemble *Don't Worry, Be Happy* en espérant que les vibrations que nous produirons monteront dans l'Univers pour nous revenir comme par miracle avec nos rêves réalisés. Non! Vous allez devoir ressortir vos crayons de plomb HB et votre « efface », mettre vos lunettes sur le bout de votre nez, vous isoler pour penser et travailler. Le travail qui suit se présente en cinq étapes.

Décidez de votre futur dans les 90 prochains jours.

ÉTAPE 1
OBJECTIF 590

(5 objectifs, 90 jours)

Cette première étape ne devrait **pas vous prendre plus de cinq minutes**. En **moins de 10 mots chacune**, rédigez 5 choses que vous aimeriez accomplir dans les 90 prochains jours. Si vous avez des problèmes à les trouver (ce qui me surprendrait!), pensez aux grands piliers de votre vie : santé, relations amicales ou amoureuses, carrière et finances, spiritualité, loisirs, famille. **N'y pensez pas trop.** Habituellement, les premières idées qui vous viendront en tête devraient refléter vos priorités. **Soyez aussi lucide.** Il est impossible de perdre 100 kg en 90 jours! Votre rapidité d'exécution à cette première étape éliminera toutes les options commençant par « je devrais… ». Ce que vous voulez, ici, ce sont les « je dois… » ou, encore mieux, « je fais… », écrits au présent.

Exemples

1. « Je passe plus de temps avec mes enfants »;
2. « Je recommence à fréquenter quelqu'un »;
3. « Je prends une semaine de vacances »;

4. « Je termine l'écriture de mon livre »;

5. « Je perds 6 kg ».

À vous d'écrire vos objectifs, en cinq minutes (dix mots chacun au maximum) :

1. ____

____

____

2. ____

____

____

3. ____

____

____

4. ____

____

____

5. ____

____

____

ÉTAPE 2
PRIORITÉ 190

(1 priorité, 90 jours)

La prochaine étape vise à **déterminer votre priorité « prioritaire »** parmi ces cinq objectifs. Pour y arriver, nous allons utiliser la méthode proposée par mon ami Rowdy du « classement par choix ». Il s'agit ici de comparer vos objectifs les uns avec les autres. L'objectif est d'**identifier votre priorité « numéro un » par un processus**

de priorisation. Illustrons le fonctionnement en nous servant des objectifs de l'exemple présenté plus haut :

1. « Je passe plus de temps avec mes enfants »

   « Passer plus de temps avec mes enfants est-il plus important que recommencer à fréquenter quelqu'un? » Vous choisissez passer plus de temps avec vos enfants? Alors, faites un crochet à côté de cette option.

   « Passer plus de temps avec mes enfants est-il plus important que prendre une semaine de vacances? » Vous choisissez prendre une semaine de vacances? Alors, mettez un crochet à côté de cette option.

   « Passer plus de temps avec mes enfants est-il est plus important que terminer l'écriture de mon livre? » Vous choisissez passer plus de temps avec vos enfants? Alors, mettez un crochet à côté de cette option.

   « Passer plus de temps avec mes enfants est-il plus important que perdre 6 kg? » Vous choisissez perdre 6 kg? Alors, mettez un crochet à côté de cette option.

2. « Je recommence à fréquenter quelqu'un »

   « Recommencer à fréquenter quelqu'un est-il plus important que prendre une semaine de vacances? » Vous choisissez recommencer à fréquenter quelqu'un? Alors, mettez un crochet à côté de cette option.

   « Recommencer à fréquenter quelqu'un est-il plus important que terminer l'écriture de votre livre? » Vous choisissez recommencer à fréquenter quelqu'un? Alors, mettez un crochet à côté de cette option.

« Recommencer à fréquenter quelqu'un est-il plus important que perdre 6 kg? » Vous choisissez perdre 6 kg? Alors, mettez un crochet à côté de cette option.

3. « Je prends une semaine de vacances »

« Prendre une semaine de vacances est-il plus important que terminer l'écriture de mon livre? » Vous choisissez prendre une semaine de vacances? Alors, mettez un crochet à côté de cette option.

« Prendre une semaine de vacances est-il plus important que perdre 6 kg? » Vous choisissez perdre 6 kg? Alors, mettez un crochet à côté de cette option.

4. « Je termine l'écriture de mon livre »

« Terminer l'écriture de mon livre est-il plus important que perdre 6 kg? » Vous choisissez perdre 6 kg? Alors, mettez un crochet à côté de cette option.

Voici les résultats de cet exercice :

1. « Je passe plus de temps avec mes enfants » ✔ ✔
2. « Je recommence à fréquenter quelqu'un » ✔ ✔
3. « Je prends une semaine de vacances » ✔ ✔
4. « Je termine l'écriture de mon livre »
5. « Je perds 6 kg » ✔ ✔ ✔ ✔

Voilà. Dans cet exemple, après avoir comparé tous les objectifs entre eux, perdre 6 kg apparaît de façon claire et sans équivoque comme l'objectif à réaliser en priorité au cours des 90 prochains jours.

À votre tour. Comparez vos objectifs entre eux en cochant les plus importants. Et encore une fois, **cet exercice devrait prendre au maximum cinq minutes**.

Inscrivez ici votre objectif principal EN GROS ET EN COULEUR, SI POSSIBLE :

____

____

____

____

____

____

____

ÉTAPE 3
L'ÉMOTION DU RÉSULTAT

La grande force de mon événement « Où en serez-vous dans 5 ans? » réside dans l'ÉMOTION engendrée en une seule soirée, même si fictive. La prochaine étape vous fera entrer dans la **fiction de la réalisation de votre objectif premier** et, surtout, dans **l'émotion générée par son accomplissement**.

Imaginez en effet que vous êtes en train de réaliser le premier objectif que vous venez d'identifier à l'étape précédente. Écrivez, au présent, ce que vous voyez, ce que vous sentez; l'impact qu'a sur votre vie ce changement. Fermez vos yeux au besoin et transportez-vous dans la réalisation actuelle de votre objectif. Ressentez tout, tout, tout ce qui entoure l'émotion produite.

(J'ouvre une parenthèse. Certains d'entre vous sont peut-être en train de se dire : « Hé, est-il en train de devenir mou? Lui qui semble toujours ridiculiser l'approche spirituelle! » Je n'ai jamais et je ne ridiculiserai jamais l'aspect spirituel de notre épanouissement personnel. J'ai moi-même ma propre spiritualité. Ce que je dis, c'est de ne pas vous arrêter uniquement à la spiritualité pour faire arriver les choses. Voilà pourquoi, d'ailleurs, j'ai appelé ma première conférence « Pensez à l'action ». Je ferme la parenthèse.)

« Ce tournoi, je l'avais gagné des centaines de fois dans ma tête avant aujourd'hui. »

- Andre Agassi, champion de tennis, gagnant de Wimbledon en 1992

Cette étape est très importante. Plus vous serez clair dans cette description de l'émotion que vous vivriez en réalisant votre objectif premier, plus celle-ci (l'émotion) fera partie intégrante de vous et des actions que vous ferez pour y arriver. Plus elle vous appartiendra, plus elle *sera vous*. Soyez clair, précis dans les mots que vous choisirez. Faites vivre votre description de l'objectif accompli. Vous êtes bon en dessin? Faites-en des dessins. Feuilletez des revues et découpez des images qui pourraient ajouter à la description et à l'émotion.

Écrivez ici le récit imaginaire et émotionnel de la réalisation de votre objectif **(faites-vous plaisir!) :**

ÉTAPE 4
POURQUOI 390

(3 pourquoi, 90 jours)

Peut-être lisez-vous ce livre par étapes et que le moment où vous avez lu le chapitre sur le POURQUOI est loin dans votre esprit. Si tel est le cas, je vous invite à le relire avant de faire cette prochaine étape. Elle est cruciale!

Cette quatrième étape consiste donc à identifier clairement **pourquoi il est si important pour vous de réaliser ce premier objectif majeur**.

Pourquoi est-ce un objectif si important? Qu'est-ce qui vous connecte à cet objectif?

Je vous demande ici de **lister les trois raisons principales**, les trois pourquoi faisant que cet objectif est si important pour vous :

1er POURQUOI

____

____

____

2e POURQUOI

____

____

____

3e POURQUOI

____

____

____

ÉTAPE 5
ACTIONS 390
(3 actions, 90 jours)

J'espère que vous ne pensiez pas vous en sortir sans l'action! Pas d'action, pas de résultat. Juste des rêves, des objectifs et un mirage! Peut-être jamais n'aviez-vous pris le temps de faire les exercices que vous venez de faire dans les quatre premières étapes. Peut-être êtes-vous fier de vous être rendu jusqu'ici.

Moi, je suis obligé de vous dire que jusqu'à maintenant, vous ne m'avez aucunement impressionné. Ouch!

Que ce soit par des exercices structurés comme vous venez d'en faire, ces mots, parlés ou écrits, ne m'impressionnent plus! La très grande majorité des gens (vous, peut-être!) sont de grands parleurs et de petits faiseurs. Pire, beaucoup (beaucoup!) de gens sont rendus au stade de voyeurs. Ils veulent, ils peuvent, mais ils ne font pas. Ils écrasent plutôt leur gros derrière sur le divan, sac de *chips* dans une main, deux litres de boisson gazeuse dans l'autre, à regarder les autres faire à la télé : perdre du poids, faire de belles recettes santé, faire du sport, voyager et même faire l'amour! (On y reviendra au chapitre « Bande de voyeurs! »)

C'est à cette cinquième étape que vous commencerez, peut-être, à m'impressionner.

Il est donc temps de déterminer les ACTIONS que vous DEVREZ faire pour réaliser votre plus important objectif dans les 90 prochains jours en respect de vos pourquoi.

Je ne peux ici retenir mon sermon sur l'action. Y penser n'est pas assez. Y penser seulement ne donne pas de résultats. L'action inspirée donne des résultats et crée des réalisations extraordinaires. Nous avons tous entendu l'adage, à savoir que nos actions parlent et parleront toujours plus fort que nos mots. C'est vrai. Une des choses qui me fait littéralement sauter les plombs, c'est quand les gens me disent ce qu'ils **pourraient** faire. J'ai pas de temps à perdre à entendre quelqu'un me dire ce qu'il **pourrait** faire. Je prendrai par contre tout le temps nécessaire pour écouter ce que quelqu'un **fait** ou **a fait**! Je hais la pensée et le comportement des gens qui ne font pas et qui se contentent de ce qu'ils ont, de ce qu'ils sont. Comme je le disais précédemment, nous sommes la seule espèce vivante sur terre qui se contente de ce qu'elle a, de ce qu'elle est. Matière à réflexion, non? Fin de mon sermon!

ATTENTION! Écrire les actions que vous entendez prendre ne les rendra pas réelles. Vous devez considérer trois autres éléments pour vous assurer de générer et de suivre le *momentum* de votre plan d'action :

1. **ÉCHÉANCE**

   Le premier élément inévitable est de fixer l'échéancier que vous vous donnez pour agir et le nombre de fois que vous agirez pour atteindre votre objectif. Poursuivons dans notre exemple de perdre 6 kg : combien de fois par semaine irez-vous au gym et à quelle période de la journée? Soyez le plus précis possible. Cet échéancier sera votre **engagement et bouclier contre la procrastination**. Tirez une ligne dans le ciment de façon à ce qu'aucun élément externe ne vienne le perturber. Je vous invite même à **partager cet engagement avec vos proches de façon à augmenter votre « imputabilité ».**

2. **SOUTIENS**

   Vous aurez probablement besoin de soutien dans l'atteinte de votre objectif. Nous en avons tous besoin à un moment ou à un autre. Le choix de vos appuis est crucial. Ceux-ci vous pousseront quand vous serez tenté de fléchir. Ils vous **pousseront à demeurer honnête avec vous-même** et pourraient même aller jusqu'à vous brasser à leur tour. JE NE SERAI PAS TOUJOURS LÀ!

Pour vous aider à identifier un soutien qui pourrait vous aider, je vous raconte la petite histoire suivante.

Un homme découvre un puits à ciel ouvert. Il s'en approche, glisse et tombe 10 m au fond du puits. Après plusieurs minutes à tenter de s'en sortir sans succès, il se met à crier. Soudain, un médecin passe par là et voit l'homme au fond du puits. Croyant l'aider, il remplit une ordonnance et la lui lance au fond. L'homme est découragé. Puis, un autre homme passe, un curé. Ce dernier lui lance une prière et continue. L'homme croit sa fin arrivée. Enfin, quelques minutes plus tard, il voit son meilleur ami passer. Ce dernier, voyant son ami au fond du puits, ne perd pas une minute et se lance dans le vide lui aussi. Les deux hommes se retrouvent maintenant au fond du puits. L'homme, totalement abasourdi, lui dit : « Mais que fais-tu là, stupide?! Nous voilà maintenant tous les deux mal pris au fond de ce puits! » Et son ami de répondre : « Oui, mais je suis moi-même déjà tombé au fond de ce puits et je connais le chemin pour nous en sortir! »

Entourez-vous de ce genre de soutiens.

3. ATTENTION AUX OBSTACLES

Maintenant, enlevez vos lunettes roses et soyez conscient que, comme dans tous les projets, il y aura des obstacles. Il s'agit ici de les identifier. Par exemple, pour perdre du poids, vous aviez décidé d'engager un entraîneur privé. Après trois semaines, vous vous rendez compte que vous n'en aviez pas les moyens. En identifiant vos obstacles potentiels, vous pourrez déjà déterminer vos plans B et ainsi ne pas abandonner à la première jambette.

Identifiez et rédigez trois actions primordiales et irrévocables que vous devrez enclencher pour faire de votre objectif une réalité.

Si, depuis le début, je vous demande d'écrire spontanément, cette fois, je vous invite à bien réfléchir aux actions et aux trois éléments reliés à chacune de celles-ci :

1re ACTION

____

____

Échéance

____

____

Soutiens

____

____

Obstacles

____

____

2e ACTION

____

____

Échéance

____

____

Soutiens

____

____

Obstacles

____

____

3e ACTION

____

____

Échéance

____

____

Soutiens

____

____

Obstacles

____

____

JE VOUS METS AU DÉFI

Avez-vous fait cet exercice ou êtes-vous trop stupide, ou paresseux, ou indifférent pour réaliser plus, faire plus, avoir plus et être plus dans votre vie?

Vous l'avez fait? Prouvez-le-moi en m'écrivant au jean@jeannadeau.net! Objet : PLAN 90 JOURS : FAIT! Et rédigez, en **cinq lignes, au maximum**, pourquoi, cette fois, vous irez au-delà de juste y penser, pourquoi vous le ferez! À GAGNER? MON RESPECT!

Une autre chose qui vous fera gagner mon respect est de porter vos culottes. Cessez de perdre votre temps à courir après la vie les culottes aux genoux!

PORTEZ VOS CULOTTES

◆◆◆

Je partage avec vous un fait vécu au cours duquel j'ai publiquement porté mes culottes et ai exprimé mon opinion sur un comportement stupide.

Deux points avant de vous raconter cette histoire :

1. APPRENEZ ET AGISSEZ

L'anecdote que vous vous apprêtez à lire est réelle. C'est arrivé. Aurais-je réagi ainsi il y a quelques années? Aurais-je même réagi? Je ne crois pas. Là, je l'ai fait, inspiré par la lecture, quelques semaines auparavant, d'un événement similaire vécu par mon ami Larry Winget dans un avion. Mon point : vous apprenez quelque chose, osez le mettre en action.

2. AVERTISSEMENT AUX SAUVEURS DU MONDE

Cette anecdote pourrait faire monter aux barricades ceux qui y voient un manque de respect de ma part. Je l'avoue, j'aurais pu m'y prendre autrement, de façon moins « publique et spectaculaire ». Porter ses culottes n'exige pas d'être aussi « pétaradant » que dans cet exemple. Retenez le message : porter ses culottes, comme on le verra dans ce chapitre, est un état d'âme, une façon de penser, de parler et d'agir, autant que possible, dans le respect.

J'étais donc à mon café préféré, justement en rédaction de ce livre. Je comprends très bien qu'il s'agisse d'un endroit public. Je suis habitué. Mais là, il y avait dans un coin cet homme qui parlait très fort avec une dame « en mains libres » sur son cellulaire.

De toute évidence, levant les yeux pour s'assurer que les gens le remarquaient, il cherchait à se faire entendre de tout un chacun en veillant à énumérer prétentieusement des gens politiques importants qu'il soi-disant connaissait. Tout le monde dans le café le regardait sans réagir. Soudainement, la dame au bout du fil l'interrompit pour lui dire qu'elle devrait le rappeler dans quelques minutes. Il lui donna son numéro de cellulaire, toujours en mains libres! Vous me voyez venir?

Eh oui! J'ai pris le numéro de cellulaire en note. À peine avait-elle raccroché que je me mis à composer le numéro, en mains libres, bien sûr. Il répondit et je lui dis d'un ton aimable : « Bonsoir, monsieur. Nous ne nous connaissons pas, mais nous sommes dans le même café actuellement. Je suis là, vous me voyez? » Je le saluai de la main. « Regardez autour de vous, je suis, comme tous ces gens, un de ceux qui doit subir votre conversation avec madame. On s'en fout tous que vous connaissiez un tel ou une telle ou un autre tel. »

Avant que je puisse continuer, à ma grande surprise, il a raccroché, s'est levé et a quitté le café. Ma première salve d'applaudissements dans un café!

Bon, encore une fois, je l'avoue, j'aurais pu porter mes culottes de façon beaucoup plus discrète en me levant simplement après qu'il eut raccroché pour aller lui faire part du malaise pour tous. Je l'ai fait publiquement, c'est ma nature primaire.

À preuve, donc, porter vos culottes, définir vos valeurs et vos croyances, vivre et vous exprimer à la lumière de celles-ci ne vous fera peut-être pas toujours aimer, mais ça engendrera toujours le respect, sinon des autres, de vous-même.

L'homme en question qui, en plein café, avait eu cette conversation téléphonique en mains libres est revenu au café le lendemain matin. J'y étais encore. C'est mon lieu de rédaction!

En m'y voyant, il est venu directement vers moi. Au moment où je croyais apercevoir une petite lumière au bout du tunnel tout en voyant défiler ma vie (!), il m'a regardé directement dans les yeux et m'a dit : « Je m'excuse pour hier. » Sans plus, et il a de nouveau quitté le café.

Voilà le genre de personne qui sait prendre ses responsabilités, porter ses culottes et regagner mon respect. Je sais le reconnaître, je l'ai fait tellement souvent moi-même!

Poursuivons le travail avec un autre petit devoir. FAITES-LE! Si vous vous êtes rendu jusqu'ici dans la lecture, ça prouve un certain sens de l'engagement envers vous-même. N'allez surtout pas abandonner maintenant.

Bon, alors, voici ce que j'aimerais que vous fassiez. J'aimerais avant même de lire ce chapitre que...

1. ... vous écriviez votre propre impression-définition de ce que représente pour vous *porter ses culottes.*
2. ... dans la colonne de gauche, vous inscriviez le nom de personnes qui, au sens de votre définition, portent leurs culottes.
3. ... dans la colonne de droite, vous inscriviez l'attribut principal de chacune de ces personnes qui à vos yeux vous fait la qualifier comme une personne qui porte ses culottes.

Votre définition de *porter ses culottes*

____

____

____

____

NOMS	QUALIFICATIFS
____________________	____________________
____________________	____________________
____________________	____________________
____________________	____________________
____________________	____________________
____________________	____________________
____________________	____________________
____________________	____________________
____________________	____________________
____________________	____________________

Si vous venez de compléter cet exercice, bravo! Vous viendrez relire vos réponses après avoir lu ce chapitre pour voir si elles tiennent toujours.

(Si vous n'avez pas fait l'exercice, vous l'aurez voulu... Vous êtes stupide! Vous le demeurez, ou quoi?)

J'ai participé à plusieurs émissions radio depuis le début de ma carrière en y présentant mes opinions lucides sur divers aspects de la vie et plus particulièrement notre épanouissement personnel. Un jour, une dame a appelé en ondes et m'a interpellé sévèrement en me disant : « Coudon, à vous écouter, j'ai l'impression que le monde est rempli de flancs mous sans conviction ni opinion! » Et moi de lui répondre avec ma douceur légendaire : « Madame, laissez-moi vous aider avec cette impression. Ce n'est pas une impression, c'est une réalité! »

Sortez mouchoirs et antidépresseurs, car voilà : nous sommes devenus une société de pleurnichards, de braillards, de grands-adultes-bébés-lala et de flancs mous! C'est triste, mais c'est ça!

(Je vous invite à retourner lire la toute première citation de ce livre.)

Regardez autour de vous. N'êtes-vous pas capable en moins de cinq minutes d'identifier ces braillards, ces grognons qui vous entourent? Ces bougons professionnels qui ne trouvent rien de mieux à faire que de se tirer dans le dos et de dire de la merde sur les autres en leur absence. Et ces autres, ces états « larvaires » qui se laissent marcher dessus et qui comptent sur les autres pour les prendre en charge tout en blâmant le reste de la société pour leur petite vie misérable. Une vraie plaie!

Vous les avez identifiés?

ATTENTION! Ceux que vous avez identifiés sont peut-être en train de lire ce livre et de vous identifier aussi.

Voici quelques exemples de l'état de notre société actuelle :

Ne vous arrive-t-il pas qu'on vous manque de respect? Au bureau, dans votre couple, dans vos relations avec vos enfants ou avec vos amis. Je parie que, plus souvent qu'autrement, vous encaissez sans vous défendre parce que vous avez trop peur de l'impact et de ce qu'on pensera de vous!

Ne vous est-il jamais arrivé d'avoir un mauvais service? Allons, n'ayons pas peur des mots, je mets mes culottes : un service à chier? Bien sûr! Pour moi, les champions en ce sens sont depuis longtemps les Dunkin Donuts aux États-Unis. Comme moi, trop longtemps, vous avez fort probablement passer sous silence leur mauvais service. Pire, avouez-le, vous avez même laissé pourboire, non?

Vous aimez aller au cinéma? Dites-moi, combien d'entre vous tolèrent les gens qui arrivent en retard, qui vous marchent sur les pieds, qui jasent ou qui s'envoient des messages textes sur leur téléphone intelligent, et qui, à la fin du film, laissent leurs déchets au sol se disant que des gens sont embauchés pour les ramasser?

Vous êtes parents? Acceptez-vous la responsabilité qui vient avec ce merveilleux privilège? Avez-vous les culottes aux genoux devant vos enfants en leur faisant croire qu'ils sont tellement exceptionnels? En passant, ils le sont peut-être pour vous, mais dans l'arène de la vie, ils comprendront un jour qu'ils ne le sont pas tant que cela.

Vous chialez contre les politiciens, mais vous les laissez vous mentir pendant des semaines en période électorale, vous les élisez malgré tout et, une fois qu'ils sont au pouvoir, vous tolérez qu'ils fassent la promotion de leurs projets de société – avec votre argent – et qu'ils votent des lois qui ne serviront qu'à leur prochaine lutte au pouvoir. Ça, c'est pour ceux qui votent. Pires sont ceux qui ne votent même pas le temps venu!

Combien d'entre vous auriez « juste toléré » cet homme au café dont je parlais au début de ce chapitre? Possiblement 90%, j'en suis certain.

Vous êtes gestionnaires en entreprise? Fort à parier que beaucoup d'entre vous persistent à tolérer les pommes pourries ayant une attitude déplorable et des méthodes de travail médiocres, parce que, pour suivre cette tendance burlesque de tout faire pour que vos employés se sentent bien, vous n'osez pas vous imposer et les réprimander, encore moins les congédier!

Nous vivons dans une société de déculottés ... et, avouez-le, vous en faites trop souvent partie. Le nombre de fois où vous vous taisez sans faire valoir vos valeurs est dramatique!

Ces comportements sont inacceptables et doivent cesser!

Mon style et mon message, comme conférencier, vont dans ce sens : vous devez sortir de votre petit confort et vous manifester. Vous devez porter vos culottes, exprimer haut et fort ces valeurs qui vous animent et choisir lucidement les compromis que vous êtes prêt à accepter.

« Porter ses culottes, c'est un état d'âme, une façon de penser, de parler et d'agir. »

– Larry Winget

C'est cesser d'être une victime et prendre le contrôle de sa vie. C'est faire la bonne chose, même si tous les autres font la mauvaise. C'est établir les standards sur lesquels reposent nos pensées, nos paroles et nos actions et respecter nos valeurs.

Porter ses culottes trouve sa source dans le sens des responsabilités, la confiance et l'intégrité.

Comment porter ses culottes? Par où commencer? Voici quelques bases proposées par mon ami Larry Winget lors de cette même rencontre que j'ai eue avec lui à New York en août 2014.

La première chose à faire est de cesser de vous plaindre. Ça commence par vous. Ce sont vos culottes, non? Mettez-les, tenez-les à deux mains et cessez ainsi de pointer les autres du doigt. Qui plus est, vos mélodrames et « braillages » n'intéressent personne! Vos amis les endureront peut-être, mais vos meilleurs amis auront le courage (et l'amour!) de vous dire d'arrêter de vous plaindre et de vous prendre en main.

Vous devez aussi apprendre à assumer vos choix. Vous avez la vie que vous avez à cause du choix de vos pensées, de vos paroles et de vos gestes. Il vous revient de prendre le contrôle de votre vie. Vous êtes maître de vos choix... et de leurs conséquences. Vous ne pouvez tout avoir, tout faire, tout être. Faites des choix pour, par contre, être plus, avoir plus et faire plus.

Soyez fier, ne laissez personne abuser de vous. Les gens vous traitent de la façon dont vous les laissez vous traiter. Et ce principe s'applique à tout... incluant l'intimidation à l'école. Je participais récemment à une émission de radio dont le sujet était justement l'intimidation à l'école. Une de mes réflexions lors de celle-ci fut : « Sans d'aucune façon prôner la violence, je crois qu'il est plus facile de soigner un nez qui saigne que de redonner la dignité à un enfant. » Montrez l'exemple, portez vos culottes.

Accordez aussi votre temps, votre énergie et votre argent à ce qui est important pour vous. Définissez vos priorités. Il existe plus de 13 000 livres sur Amazon.ca sur la gestion du temps, 86 sur la gestion des priorités! Je n'ai pas de temps à perdre et vous non plus. Je vais donc encore une fois vous sauver des heures de lecture :

définissez et respectez vos priorités et tout le reste – incluant votre temps – tombera en place.

Tout en ayant un esprit ouvert, ne faites aucun compromis sur vos valeurs ou principes. Sachez en quoi vous croyez et n'acceptez aucun compromis. Vous avez déjà joué au volleyball sur une plage? On y dessine un terrain avec des lignes dans le sable et, après un certain temps, les lignes ont disparu, piétinées ou effacées par le vent. Elles devaient pourtant nous servir de lignes directrices pour la durée du *match*. Dans le *match* de votre vie, vos règles, vos limites sont vos valeurs et vos principes. Tracez des lignes dans le ciment et ne les traversez jamais. Vos valeurs et vos principes de vie ne doivent pas être occasionnels. Ils représentent la ligne directrice en lien avec votre intégrité.

« Si vous laissez votre peur des conséquences vous empêcher de vous distinguer, vous êtes voué à vivre une vie sans fondements. »

- Katherine Butler Hathaway

Maintenant, vous devez aussi savoir qu'il y a des risques à porter ses culottes. Les gens n'y sont pas habitués. Certains vous jugeront, vous qualifiant de froid, de sans-cœur et même des fois d'arrogant. Mais vous remarquerez que, très souvent, ces commentaires proviendront de personnes assises dans les estrades, les culottes aux genoux!

Alors, pourquoi courir ce risque de porter ses culottes? Parce que ce qui compte, c'est que **vous**, vous soyez fier de vous tenir debout. Il s'agit ici de définir, de vivre et de respecter votre intégrité. Pas celle des autres, la vôtre. Personne ne peut porter vos culottes.

Oubliez ce que les autres pensent de vous. Portez vos culottes et vous saurez qui vous êtes et où vous êtes. Les personnes qui sauront reconnaître cela en vous vous respecteront avant tout et en viendront peut-être aussi à vous aimer.

L'épanouissement personnel et le bonheur ne reposent pas sur une pensée magique. Ils sont la conséquence de notre engagement à vivre en communion avec nos valeurs fondamentales et l'expression libre de celles-ci, les culottes portées bien haut.

BANDE DE VOYEURS!

◆◆◆

Je l'ai dit ouvertement, à plusieurs reprises, mon message et mon style comme conférencier diffèrent de ceux de la majorité de mes pairs de l'industrie du développement personnel.

Rien n'empêche que j'assiste régulièrement à des conférences présentées par mes confrères et consœurs à l'approche plus douce. C'est d'ailleurs toujours très comique de voir la réaction des gens quand je me pointe à une de ces rencontres : « Mais qu'est-ce que tu fais ici? Tu avais une soirée à perdre? » J'AI PAS DE TEMPS À PERDRE!

Que nous ayons des approches différentes ne veut pas nécessairement dire que je ne peux rien apprendre d'eux. Ce qu'ils disent lors de leurs conférences et ce que je dis lors des miennes n'est pas nécessairement faux du fait que nos propos sont différents ou même des fois contraires. À l'extrême limite, je peux aussi apprendre des choses avec lesquelles je ne suis pas d'accord!

Je sais que j'en tirerai toujours quelque chose de plus que l'alternative de rester chez moi, calé dans mon divan à regarder *Rambo IV* avec un sac de *chips* BBQ dans une main et deux litres de boisson gazeuse dans l'autre!

J'ai donc assisté à une de ces conférences dites plus douces et spirituelles et j'y ai entendu le propos suivant : « Nous vivons dans une ère où les gens ont cessé d'ÊTRE. La productivité de l'ère actuelle a mis le FAIRE au premier plan. » L'idée derrière cette affirmation est que les gens devraient se concentrer davantage sur ce qu'ils **sont** plutôt que sur ce qu'ils **font**.

Selon ce conférencier, nous accordons tellement d'importance au FAIRE que nous négligeons l'ÊTRE.

Ça sonne bien, mais c'est faux!

Nous ne sommes pas dans une ère de FAIRE, nous sommes dans une ère de voyeurs, de « vouèreux ». Pour paraphraser l'humoriste québécois Yvon Deschamps : « On veut pas le faire, on veut le vouère! »

Les Canadiens passent en moyenne **trente (30) heures par semaine** devant leur téléviseur.

(J'ouvre une parenthèse pour une petite montée de lait! Je suis convaincu que 99,9 % des parents qui lisent ceci pourraient affirmer que leurs enfants sont ce qu'il y a de plus important dans leur vie. Allez vite fermer les rideaux du salon pour que les gens ne vous aperçoivent pas de la rue en train de lire cette prochaine statistique... Encore une fois, selon l'American Parental Association, les parents consacrent en moyenne **3,5 minutes par semaine** à des conversations significatives avec leurs enfants. Déposez votre café pour que votre dernière gorgée ne vous ressorte pas par le nez. VOTRE TÉLÉVISEUR EST PLUS IMPORTANT QUE VOS ENFANTS! Je ferme la parenthèse.)

Notre sport national est donc maintenant d'asseoir notre derrière sur le divan et de regarder les autres faire à la télé. On y regarde les autres faire des rencontres, faire du sport, faire de belles recettes santé, perdre du poids, rénover leur maison, voyager, résumer des livres et même faire l'amour! Tout ça, tout ce voyeurisme à l'égard de la vie des autres, se fait en restant bien calé dans le divan. On aime mieux regarder que faire. Ça prend moins d'efforts. C'est moins risqué. Vous comprenez mieux mon propos quand je dis que nous ne sommes pas dans une ère de FAIRE, nous sommes des *vouèreux*!

Je comprends et adhère bien évidemment à la philosophie de l'ÊTRE. Être une meilleure personne, être bon et juste. Le plus possible. De plus en plus. Nous devrions tous viser à être plus heureux, plus spirituel, plus intelligent, plus aimant, plus en santé, plus humain! Mais faisons-nous, faites-**vous** les gestes (le FAIRE) pour y parvenir?

La réponse est malheureusement que la majorité d'entre vous ne le font pas et ne le feront pas. Pourquoi? Parce que cela demande des efforts. « Quoi, quoi, quoi? De quoi tu parles, là, Jean. Des quoi? Des efforts? Tu veux dire faire plus qu'avoir une bonne attitude, que parler aux anges, qu'envoyer mes vibrations positives dans l'Univers? »

OUI, BANDE DE NON-LUCIDES!

Quand on veut plus, on doit FAIRE quelque chose pour avoir plus, faire plus et ÊTRE plus.

Mais voilà, trop de gens préfèrent croire en cette loi qui n'a rien d'un secret, cette loi soi-disant miraculeuse qui les entraînera vers le nirvana tout en restant assis sur leur divan!

ÇA NE FONCTIONNE PAS!

Vous pouvez rester assis dans votre *lazy-boy* (quel nom approprié!) devant la télé à regarder les autres vivre et à espérer être à leur place, mais la réalité est qu'à juste y rêver et à le visualiser, vous n'y arriverez jamais!

Comprenez-moi bien : je crois en l'importance de s'arrêter, d'être, de penser. Ce n'est pas un hasard que ma première conférence s'intitule « Pensez à l'action ». Je crois en l'importance des moments d'arrêt et, sûrement à votre grande surprise, à la méditation. Je suis toutefois d'avis qu'il s'agit là de rituels qui doivent avoir comme objectif d'éclaircir nos visions, pas celles des gens que nous regardons vivre à la télé.

Mais il ne faut pas en rester là. Nous devons inévitablement nous lever le derrière, nous épousseter le fond de culotte, partir avec nos pensées, nos visions, nos objectifs et faire les gestes qui nous rapprocheront de notre ÊTRE.

On est donc loin de l'ère du FAIRE au détriment de celle de l'ÊTRE. Je crois en fait que le FAIRE nous propulse vers l'ÊTRE que nous visons à... ÊTRE!

JOUISSEZ-VOUS?

(version courte)

◆◆◆

Vous voulez être heureux?

Jouissez!

Merci.

Bonsoir!

JOUISSEZ-VOUS?
(version longue)

◆◆◆

Le chapitre précédent aurait dû suffire. En fait, bien qu'il soit le plus court de ce livre, je crois qu'il est un des plus importants... sinon le plus important.

« Ben là, je n'ai pas acheté un livre pour lire un chapitre de quatre lignes! » Hé, je vous le dis depuis le début, j'ai pas de temps à perdre, alors je vais droit au but. Cessez de me blâmer parce que vous ne comprenez pas vite! Je suis responsable de ce que je dis, mais pas de votre rapidité ni de votre façon de le comprendre.

Je vais tout de même m'étendre sur le sujet pour les « lents »!

Alors, combien de fois jouissez-vous par jour, par semaine, par mois? Ça dure longtemps? À quel endroit? Dans quelles circonstances? Avec qui? Pourquoi? Comment?

Calmez-vous, bande de pervers! Je ramène à l'ordre tous les immatures qui prennent ces questions au premier degré et en font une interprétation préscolaire!

« Le monde souffre d'une importante pénurie de gens qui grimpent sur les tables pour y danser! »

- Jean Nadeau

Votre vie est « de votre faute ». Je l'ai écrit précédemment, vous êtes responsable de tout ce que vous avez vécu dans le passé, de tout ce que vous vivez actuellement et de tout ce que vous vivrez. Sinon en totalité, très probablement en partie. Et, ultimement, vous aurez toujours, toujours, **toujours** la responsabilité de la façon dont vous réagirez à un événement, et ce, bien évidemment pour les mauvais coups, mais aussi pour les bons.

Il est aussi de votre responsabilité de voir à votre bonheur. Votre bonheur est aussi « de votre faute ».

La jouissance constitue la veine principale, l'aorte de votre bonheur.

Prenez un instant avant de poursuivre et listez vos dix principales jouissances de vie :

1. ____________________
2. ____________________
3. ____________________
4. ____________________
5. ____________________
6. ____________________
7. ____________________
8. ____________________
9. ____________________
10. ____________________

Et si je vous avais demandé d'en lister 25, 50, 100, vous auriez pu remplir une telle liste?

Votre liste actuelle contient-elle des jouissances reliées à votre relation amoureuse, à vos relations avec vos enfants, à votre travail, à votre santé, à vos finances, à ce que vous possédez, à vos loisirs, etc.?

Je me trompe ou, pour plusieurs d'entre vous, votre travail ne vous fait pas jouir? Vous êtes très compétent, mais l'exploitation de cette compétence ne vous amène plus cette jouissance qui vous fait vous lever tous les matins? Vous faites avec uniquement parce que vous avez des obligations financières? C'est vous, ça?

Et vos supposés amis, ils vous font jouir? Ils vous tirent vers le haut? Ils ajoutent à votre vie? Ou ne faites-vous que les endurer parce qu'il est trop difficile de vous en faire d'autres ou que vous craignez la réaction des gens autour de vous?

Vos relations avec vos enfants vous font-elles jouir? En fait, leur accordez-vous cette possibilité ou préférez-vous, iPhone à la main, jouir des « J'aime » de Facebook et des courriels auxquels vous croyez nécessaire de répondre à la réception? Vous connaissez l'histoire du petit garçon qui demanda à son père ce qu'il faisait à toujours avoir son iPhone dans les mains? « Papa, qu'est-ce que tu fais avec ton iPhone? » Le papa répondit : « Attends, laisse-moi quelques minutes, je travaille pour gagner des sous pour la famille. » Le petit insista et dit : « Ah, O.K., je comprends, mais dis-moi combien de sous tu fais à ton travail? » « Quelle drôle de question, fiston. Je fais 20 $ de l'heure », répondit le papa. « O.K., papa, quand tu auras fini de travailler, tu pourrais me prêter 10 $? » demanda fiston. « Mais je t'ai déjà donné 10 $ le *week-end* dernier. Que feras-tu avec ces nouveaux 10 $? » demanda à son tour papa, visiblement agacé, car le courriel qu'il avait entamé n'attendait qu'à partir! « Ben, papa, je n'ai pas dépensé les 10 $ de la semaine dernière. Alors, avec ces nouveaux 10 $, j'aurai enfin 20 $ et je pourrai ainsi acheter une heure de ton temps pour que tu la passes avec moi! »

(J'invite ceux qui ont la maturité de se reconnaître dans cette histoire à retourner lire la toute première citation du chapitre « Avertissement ».)

Votre conjoint vous fait jouir? (Allez, allez, revenez avec moi, les pervers!) Votre amour, votre admiration un pour l'autre, vos projets communs génèrent-ils encore cette jouissance de partager votre vie avec cette personne?

Pourquoi persistez-vous à faire des choses qui ne vous font pas jouir ou de façons qui ne vous font pas jouir?

Pour voir à vos responsabilités financières? Parce qu'on vous donne l'ordre de le faire? Parce que vous vous sentirez mal si vous ne le faites pas? Parce que ça vous accorde un statut social reconnu?

Vous vous souvenez, au chapitre intitulé « Vous voulez changer? Changez! », j'avais présenté la très courte liste des étapes à suivre pour changer :

1. **Décidez** de changer.
2. **Abandonnez** ce que vous faites depuis toujours et qui ne donne pas les résultats désirés.
3. **Changez!** N'attendez pas d'être parfait, commencez à changer maintenant.

Je vous invite à faire une nouvelle liste. Celle-ci inclura les aspects les plus importants de votre vie, vos priorités, ce à quoi vous accordez le plus d'énergie, de temps et probablement d'argent.

Relisez chacune de ces priorités et posez-vous les questions suivantes :

- Ces priorités vous font-elles jouir actuellement? Avec un marqueur, identifiez celles pour lesquelles la réponse est oui.
- Ces soi-disant priorités, que font-elles dans votre liste si elles ne vous font pas jouir? « Ben, Jean, elles ne me font peut-être pas jouir maintenant, mais j'aimerais bien qu'il en soit autrement. » Bon, bon, bon. Encore des intentions. Elles ne m'impressionnent pas, mais m'amènent à la prochaine question.
- Si certaines de vos priorités ne vous font pas jouir actuellement, que devriez-vous changer pour commencer ou recommencer à en jouir? Ce sont vos priorités, l'objectif n'est-il pas d'en jouir? Identifiez ce que vous devez abandonner pour enclencher ce changement. Une fois cet exercice fait, CHANGEZ et JOUISSEZ!

Faites-vous un plan de jouissance prioritaire.

Votre responsabilité première (oui, oui, je reviens encore au sens des responsabilités) est de tout faire pour jouir de la vie, dans tous ses aspects, sous toutes ses formes, le plus souvent possible.

PASSION, AMOUR, JOUISSANCE

Réglons d'entrée de jeu la question de la passion.

« La passion, c'est de la merde! »

- Larry Winget

Pour une rare fois, je vais atténuer un peu les propos de mon ami Larry.

La passion existe, elle est très souvent nécessaire, mais elle constitue un piège. Pour ceux qui ne la comprennent pas et qui la gèrent mal, celle-ci peut en effet être de la merde!

La *passion*, dont l'origine latine vient du mot *souffrir*, se définit comme une « émotion forte et incontrôlable ».

Voyons comment elle cohabite (des fois) avec l'amour et la jouissance.

En affaires, je ne veux rien d'incontrôlable à moins de 1 km de mon entreprise. Mon entreprise est quelque chose de sérieux pour moi. C'est une de mes priorités. J'ai investi beaucoup dans cette organisation et je n'ai pas de temps à perdre ni d'énergie à mettre à gérer des gens qui y vivent des émotions incontrôlables. Ma priorité ira toujours à l'embauche de gens compétents, une compétence effectivement issue d'une passion et d'intérêt pour le domaine dans lequel j'opère. Si cette personne est compétente et que je lui présente clairement mes attentes, celle-ci exploitera son talent en conséquence, et ce sont ses résultats et son excellence qui lui feront aimer son travail et qui la feront jouir des bénéfices qui en découlent. Remarquez bien dans ce texte l'utilisation des mots *passion*, *amour* et *jouissance*.

Arrêtez-vous un peu et pensez à votre situation au travail. Vous êtes passionné ou vous aimez votre travail? Ce sont là deux choses différentes. Vous ne pouvez dire : « Je suis passionné par mon travail, j'aime tellement ce que je fais! » Vous mêlez dans une même phrase une émotion et un sentiment!

Reprenez maintenant ce texte et appliquez-le sur le plan personnel avec quelques nuances. Votre vie est votre plus grand, votre plus ambitieux et votre plus merveilleux projet. Vous devez le prendre au sérieux (sans toutefois vous prendre trop au sérieux!). Vous avez tous, comme moi, vécu la folie des premières heures, des premières journées, des premières semaines et souvent des premiers mois d'une relation avec une autre personne. C'est oui à tout, n'importe quand, n'importe où, de quelque façon que ce soit. Un de mes amis appelle cette période la « fausse représentation ». Nous y perdons souvent le contrôle de ces émotions folles et frivoles qui nous habitent. Mais, vous le savez aussi, cette période d'émotions incontrôlables ne durera pas. Du moins, pas sous cette forme exacte. Ce qui a fait l'objet de « oui à ceci ou à cela » deviendra « peut-être » pour souvent se terminer par « non, ça ne me tente pas! ». Et c'est lors de cette transition qu'apparaît au grand jour, derrière le nuage de l'émotion passionnelle, « la compétence ou l'incompétence personnelle » de l'autre. « L'incompétence personnelle » mettra tout simplement fin à cette relation passionnelle. « La compétence personnelle », les atouts, les caractéristiques, les fondements, les valeurs de la personne qu'on découvre au-delà de la passion nous guideront, peut-être, vers le sentiment de l'amour. Et c'est dans cet amour que la jouissance prendra toute sa valeur, autre que celle uniquement charnelle des débuts passionnés.

La passion est une émotion. Il faut faire attention avec les émotions. Elles viennent et vont, comme les vagues.

L'amour est un sentiment affectif dont l'origine peut être la passion, mais pas toujours.

La jouissance vécue dans l'amour va bien au-delà de celle vécue dans la passion, et ce, tant dans votre vie professionnelle que personnelle. Et encore une fois avec des nuances, la « compétence » agira toujours comme carburant, comme catalyseur aux jouissances que vous en retirerez.

Jouir de tout, à tous les niveaux, toujours, de plus en plus, vous rapprochera du bonheur.

Moins vous jouirez, plus vous serez insatisfait, frustré et négatif. Jouir aura un impact majeur sur votre attitude et ne pas jouir en fera tout autant. Je sais, je lis dans vos pensées actuellement, et vous

vous dites : « Il vient de se contredire par rapport à son discours précédent sur l'attitude. » Si telle est votre perception, vous n'avez rien compris. L'attitude est importante, mais il est faux de prétendre qu'elle représente à elle seule LA clé de votre succès et de votre bonheur. N'en reste pas moins qu'elle est importante! Et jouir exerce un impact majeur sur votre attitude. La prochaine fois que vous jouirez de quelque chose, soyez attentif à votre attitude : pourrait-elle être négative à ce moment précis?

Une carence de jouissance est comme un cancer qui vous gruge par en dedans. Sans aucune forme de jouissance, vous serez gris, maussade, bougon et perdrez beaucoup. Vous perdrez des amis, votre conjoint vous foutra à la porte, vos compagnons de travail s'éloigneront de vous, votre patron vous congédiera et vous vous retrouverez seul et pitoyable.

Réaliste comme scénario? À long terme, je crois que oui. Mon objectif est ici de vous démontrer à quel point vous pourriez perdre gros si vous ne jouissez pas de tout ce que la vie a de meilleur à vous offrir, tant sur le plan personnel que professionnel.

JOUIR AU TRAVAIL, c'est permis!

Je le mentionnais précédemment, je crois que le critère numéro un de l'entente passée entre vous et votre employeur est (et doit être) l'échange de vos compétences contre un salaire. Je crois aussi que la principale source d'« amour » de votre travail, ce qui vous fera l'aimer, c'est d'être compétent et de produire les résultats espérés, voire plus.

Je vous repose donc la question : aimez-vous votre travail? Si oui, bravo, vous avez en vous l'essence qui vous fera maximiser l'exploitation de vos compétences. Sinon, quittez votre travail immédiatement!

« Hé, oh! Tu *feel* pas, Jean! Je ne peux pas laisser mon travail comme cela! » Bon, d'accord, peut-être pas dès demain, mais commencez à l'envisager très sérieusement et, surtout, très rapidement. Si vous ne jouissez pas au travail, si vous n'aimez pas votre travail, peu importe les compétences que vous avez, il est certain que vous ne les exploitez pas à leur juste valeur. Vous en souffrirez, votre patron en souffrira, vos collègues de travail en souffriront et ultimement vos proches en souffriront.

Il n'existe donc pas une multitude de solutions. En fait, il n'y en a que deux. La première : vous vous arrangez pour recommencer à jouir et à aimer votre travail. La deuxième : vous démissionnez et retournez exploiter vos compétences ailleurs afin de recommencer à aimer vos réalisations et votre travail.

Il m'arrive fréquemment, quand je présente ma conférence en entreprise, de lancer cette phrase-choc et audacieuse : « Si votre travail ne vous fait plus jouir, quittez-le immédiatement! » Neuf fois sur dix, à la fin de ma conférence, le gestionnaire principal vient me voir et me dit : « Vous n'auriez pas dû dire cela à mes employés. » Ma réponse est toujours la même : « Premièrement, cette affirmation s'adressait aussi à vous. Deuxièmement, je viens de vous rendre service, vous devriez me remercier. Vous voulez vraiment garder dans votre entreprise des employés qui n'aiment pas leur travail et qui ultimement ne vous livreront pas l'excellence à laquelle vous vous attendez en leur remettant leur chèque de paye? » Une de ces discussions s'est d'ailleurs terminée dans le bureau d'une gestionnaire qui menaçait de ne pas payer le solde de mon « cachet » pour avoir dit une telle affirmation.

Dès que la porte s'est fermée, je ne lui ai pas donné l'occasion d'ouvrir la bouche et je lui ai dit : « Vous êtes chanceuse, vous avez droit à un *bonus* que je ne vous facturerai pas. Voici une chose que j'aurais pu dire devant vos employés, mais que je vous réserve, à vous, comme gestionnaire : dès demain, vous devriez congédier 20 % de vos employés. »

Elle s'est assise brusquement, et le contraste entre la couleur de son visage et sa chaise noire était spectaculaire. Je crois en effet que dans toute entreprise se trouve un 20 % d'employés qui ne jouissent pas, et donc qui ne sont pas productifs à la hauteur des attentes. Je parle ici de ceux qui donnent souvent l'impression de travailler, mais qui très souvent font des choses qu'ils ne sont même pas censés faire. Ce sont ces gens qui donnent raison à la citation : « Quand le chat n'est pas là, les souris dansent. »

La bonne nouvelle est qu'il y a aussi dans chaque entreprise un autre 20 % d'employés, des jouisseurs efficaces qui, eux, s'épanouissent totalement dans leur travail, que le chat soit là ou pas, en produisant des résultats extraordinaires. Le « problème » de ceux-ci est qu'ils quitteront souvent votre entreprise par eux-mêmes. Ceux-là, faites tout pour les garder, même si la plupart démissionneront quand même.

Reste les 60 % du milieu, ceux qui ne se retrouvent pas dans ces deux extrêmes. Inévitablement, certains d'entre eux chercheront à remplir les postes vacants dans le 20 % du bas. Ceux-ci n'attendaient que le moment où cette occasion opportune s'offrirait à eux, souvent en attendant la retraite, même si celle-ci ne viendra que dans vingt ans! J'appelle ceux-ci des « impuissants latents »! Encore une autre bonne nouvelle, toujours dans les 60 % du milieu, 20 % chercheront à bouger et à combler les postes vacants, cette fois au sommet de la pyramide des loyaux et ultraperformants. J'appelle ceux-ci des *pineux*, terme – peu élogieux, je l'admets – employé par les chasseurs d'orignaux au Québec pour identifier les jeunes mâles en rut cherchant à s'intégrer comme dominants sur un territoire.

Et il ne reste que les derniers 20 % qui se contenteront du statu quo en restant au centre et en vivant de coït interrompu en coït interrompu.

La gestionnaire me remit enfin mon dernier chèque et, trois mois plus tard, je prononçais à nouveau ma conférence devant un second groupe d'employés de son entreprise.

JOUIR EST-IL ÉGOÏSTE?

Vous l'avez, je l'espère, compris, je suis encore plus qu'un épicurien et un hédoniste. Je vis pour jouir et je jouis pour vivre. Je, je, je, oui, vous l'avez aussi bien compris, je le fais avant tout pour moi-même, car je sais très bien dans mon âme et dans mon cœur qu'en étant constamment à la recherche de jouissance, je deviens de plus en plus conscient, sensible et ouvert à l'importance d'être au service des autres, ce qui conséquemment me procure le plus grand des plaisirs.

Cessez aujourd'hui de compromettre votre bonheur pour des situations ou des gens qui ne vous font pas jouir. Faites-le pour vous. Vous en jouirez et en ferez jouir les autres.

Tremblez mais osez! Faites ces petits gestes qui vous feront jouir de vos amitiés, de vos amours, de vos avoirs et de ce que vous êtes fondamentalement comme personne.

Et faites de la gratitude ce premier petit geste quotidien. Dites merci des centaines de fois par jour. Chaque moment, chaque situation, chaque gain et chaque échec contribuent à votre épanouissement et à votre évolution. Accueillez-les et appréciez-les à leur juste valeur.

« C'EST COMME ÇA! »

Cette affirmation me met dans tous mes états. Ça vous est déjà arrivé, à vous aussi, j'en suis convaincu, d'avoir une discussion avec quelqu'un et, à un moment donné, celui-ci dit quelque chose du genre : « Ouais ben, c'est ça. C'est comme ça, alors je vis avec. »

Non! Ce n'est pas comme ça. C'est comme **vous** le voulez, excluant ce qui ne vous appartient pas. Bien évidemment, vous ne pourrez pas toujours avoir exactement ce que vous voulez.

La vie est ainsi faite. Vous devez faire des choix. Vous ne pouvez tout avoir, tout faire et tout être. Mais vous pouvez réaliser plus, faire plus, avoir plus et être plus. Sinon, directement par l'action, ultimement, par votre façon de réagir. Et ça, ça ne peut pas être juste « comme ça ». Vos actions et vos réactions peuvent être exactement comme vous décidez qu'elles soient.

Faites de la jouissance le fondement de vos actions et réactions. Nourrissez cette veine en vous et vous vous rapprocherez inévitablement du bonheur.

PAS DE TEMPS À PERDRE

◆◆◆

Malheureusement (pour vous, pas pour moi!), bien que vous acheviez ce livre et fassiez partie des 33 % qui se sont rendus jusqu'ici, beaucoup d'entre vous ont quand même perdu leur temps à le lire.

« Maudit que tu es direct et négatif, Jean! » Non, je suis réaliste et lucide.

Je ne serai pas là pour vous tenir la main et savoir ce que vous en ferez. Vous seul le savez. Très peu de gens me donneront un *feedback* sur les réflexions que ce livre leur aura apportées et surtout sur les actions qu'ils auront enfin accomplies pour les faire passer du statu quo de leur vie actuelle à leur vie de rêve.

J'ai tort? Vous ferez quelque chose de votre vie? Sur un aspect ou un autre? Alors tant mieux, vous faites partie des exceptions pour qui la lecture de ce livre n'aura pas été une perte de temps.

Les balles sont maintenant entre vos mains. Ne laissez pas celles-ci y dormir. Lancez-les immédiatement dans les airs et assurez-vous qu'aucune d'elles ne tombe au sol. Et si elles tombent, réalisez que vous en êtes responsable, acceptez rapidement cette responsabilité, ramassez-les et continuez votre progression.

Si vous voulez vraiment accomplir plus, vraiment, si vous êtes une fois pour toutes déterminé à cesser de surfer sur la vague du confort de votre vie actuelle, si vous êtes prêt à faire tout ce qu'il y a à faire, incluant ce que vous croyiez improbable et difficile, eh bien, **courez rapidement devant le miroir et engagez-vous envers vous-même!** Vous pouvez mentir à qui que ce soit, mais si vous vous abaissez à vous mentir à vous-même, yeux dans les yeux, devant le miroir, vous êtes une cause perdue.

Je m'adresse à partir d'ici à vous, personne très rare, qui passerez vraiment à l'action. Vous avez mis des années à bâtir la vie que vous avez actuellement. Cette vie qui ne représente pas encore votre vie de rêve. N'allez pas penser que vous arriverez à changer celle-ci du jour au lendemain. Vous le savez, c'est impossible! Je vous rappelle que la stupidité est de savoir quoi faire, mais de ne pas le faire. Ne soyez pas stupide. Le changement de votre vie se fera à petits pas.

Ces derniers deviendront des pas de géant si vous persistez. Je vous le promets, si vous réfléchissez et si vous vous faites un plan pour transformer vos pensées en résultats, si vous passez à l'action et demeurez engagé envers celles-ci, si vous êtes déterminé et discipliné, vous serez « flabbergasté » par les résultats que vous obtiendrez. Et rappelez-vous que vous pouvez célébrer l'atteinte d'un de vos objectifs tous les 90 jours, 4 fois par année... 20 rêves réalisés au bout de 5 ans!

Créez le *momentum* du bonheur et du succès à travers cette recherche constante de jouissance, à tous les niveaux. Vos pourquoi se transformeront graduellement en des pourquoi pas. Réaliser plus deviendra de plus en plus facile, être plus ira de plus en plus de soi, faire plus deviendra de plus en plus simple et avoir plus deviendra de plus en plus naturel.

Dans cette progression, d'où vous êtes à où vous voulez être, il y aura bien évidemment des obstacles. Mais je vous le dis et vous le redis, votre principal obstacle est et sera vous-même. La bonne nouvelle est que vous avez aussi le meilleur outil qui soit pour « affronter » et surpasser cet obstacle majeur : vous!

Prenez rendez-vous avec votre miroir. Dans une semaine, dans un mois, dans trois mois. Soyez discipliné, inscrivez ce rendez-vous à votre agenda. Il est mille fois plus important que votre rendez-vous chez le dentiste, ou le docteur, ou le diététiste, ou le garagiste. Doux Jésus! C'est de votre vie qu'il s'agit. Prenez-la au sérieux!

Donnez-vous rendez-vous avec comme objectif de vous y sentir fier, d'admirer la personne que le miroir reflétera. Allez au-delà de cette image éphémère pour en dessiner une beaucoup plus permanente auprès de vos enfants, de vos petits-enfants, de vos amis.

Vous avez certainement déjà entendu cette phrase, elle semble en apparence cliché, mais elle est totalement vraie : « Vous ne pouvez retourner en arrière pour créer un nouveau début, mais vous pouvez commencer aujourd'hui à créer une nouvelle fin. »

Qu'attendez-vous? N'avez-vous pas déjà perdu assez de temps? Créez aujourd'hui la suite de votre vie.

UN DERNIER MOT

◆◆◆

Yes, We Can! (« Oui, nous le pouvons! »)

Qui n'a pas entendu ces mots des centaines de fois de la bouche de celui qui, quelques mois plus tard, allait devenir le quarante-quatrième président américain et le premier de couleur?

Vous pouvez sortir du statu quo de votre vie actuelle parce que **vous le pouvez**.

« Vous le pouvez » représente la seule et unique phrase qui justifie vos pensées, vos paroles et vos actions dans votre quête du bonheur et du succès.

Vous voulez être plus heureux? **Vous le pouvez.**

Vous voulez avoir une meilleure relation de couple? **Vous le pouvez.**

Vous voulez améliorer vos relations avec vos enfants? **Vous le pouvez.**

Vous voulez être plus riche? **Vous le pouvez.**

Vous voulez être plus en santé? **Vous le pouvez.**

Vous voulez être moins stressé? **Vous le pouvez.**

Vous voulez avoir plus de temps pour vos loisirs? **Vous le pouvez.**

Ce sera peut-être dans certains cas fortement improbable, très difficile, mais il n'en reste pas moins que **vous le pouvez.**

Dans cette vie qui vous a été donnée, vous avez l'obligation de réaliser plus, de faire plus, d'avoir plus et d'être plus parce que **vous le pouvez**.

Le problème ne réside pas dans le fait que vous *ne pouvez pas* plus, mais bien dans le fait que vous *ne faites pas* plus. L'être humain est la seule espèce vivante dotée d'une conscience qui lui permet de choisir. Vous avez ce choix de faire plus de votre vie... **et vous le pouvez**!

Vous serez plus heureux et aurez plus de succès parce que **vous le pouvez**. Pas d'excuses! Vous savez que la quête du bonheur et du succès débute par l'accueil et l'acceptation de la responsabilité de votre vie passée, actuelle et future. Vous savez que le bonheur et le succès découlent principalement de vos actions et de votre engagement à faire tout ce que vous avez à faire pour que celles-ci soient en lien avec vos pensées et vos paroles. Vous vous le devez, à vous-même et à votre famille.

Pas d'excuses.

Vous le pouvez.

Maintenant.

Pas de temps à perdre!

PS – Il y a une dernière chose que j'aimerais que vous lisiez avant de fermer ce livre. Retournez lire les mots que **vous** avez écrits aux pages 18, 26 et 77.

PS – J'avais pas de temps à perdre, mais j'espère sincèrement que le temps que j'ai investi dans l'écriture de ce livre ne sera pas vain.

À PROPOS DE L'AUTEUR

◆◆◆

Voix grave et carrure imposante. Jean Nadeau ne fait pas dans la dentelle. Il se décrit comme un conférencier générateur d'actions. Il vise à dire la vérité aux gens, même (surtout!) si celle-ci les choque. Une vérité formulée à travers le lot de stupidités qu'il a lui-même faites dans sa vie et dont il assume aujourd'hui la responsabilité et, surtout, desquelles il a appris.

Il émet des idées, toutes simples, mais qui ont du sens. Il accepte de vivre avec la prétention qu'il peut aider les gens et les entreprises à sortir du statu quo et ainsi (enfin!) à développer leur plein potentiel.

L'approche n'est pas douce, mais plutôt du style « coups de pied au derrière ». Jean Nadeau veut marquer l'imaginaire, confronter les demi-vérités, attaquer la complaisance et provoquer une réflexion en déstabilisant ses auditeurs et ses lecteurs. Il s'accorde le droit d'être politiquement incorrect, car derrière ce style il y a un objectif qui lui vient du cœur : aider les gens à faire des changements dans leur vie personnelle ou professionnelle. Il promet de rendre les gens *inconfortables* par rapport à leur vie actuelle à un point tel qu'ils feront tout pour se retrouver ailleurs.

www.jeannadeau.net
jean@jeannadeau.net

MARQUIS

Québec, Canaca

FSC
www.fsc.org

MIXTE
Papier issu de
sources responsables
FSC® C103567